Gott wiederholt sich nicht,
er ist ein Schöpfer von Unikaten –
liebevoll formt die göttliche Schöpfung
jede Seele einzigartig und perfekt.

Weißt du das? Weißt du, dass du perfekt bist und genau so, wie Gott dich haben wollte? All das, was du an dir nicht magst, sind Herausforderungen, die es für dich zu meistern gilt. Nicht, um dich zu verändern, sondern um Mitgefühl und Verständnis für das Menschsein zu erlangen. Du bist genau richtig, und du darfst damit aufhören, dich selbst abzuwerten. Wenn dir etwas an dir nicht gefällt, dann darfst du dich voller Mitgefühl und in Anerkennung deines menschlichen Weges in die Arme nehmen und es ändern. Dabei kommt es nicht darauf an, dass du erfolgreich bist, also dein Ziel erreichst – obwohl das für dich natürlich sehr ermutigend ist –, sondern darauf, dass du den Weg der Änderung gehst. Für deine Seele kommt es darauf an, dass du dich von Punkt A nach Punkt B bewegst, und hier ist tatsächlich der Weg das Ziel.

In dem Versuch, dich zu ändern (und damit noch mehr zu der bzw. dem zu werden, die bzw. der du in Wahrheit bist), erlangst du Bewusstsein, und du lernst, wie die geistigen Gesetze auf der Erde, in diesem besonderen Energiefeld der Materie, zur Anwendung kommen. Sei getröstet. Du bist richtig und genau so, wie du gemeint warst. Dennoch oder gerade deshalb darfst du die Lebensbereiche, in denen du unzufrieden bist, in deine Hände nehmen und deine Energie erhöhen, mehr von deinem eigenen Licht verwirklichen ...

ISBN 978-3-8434-1077-9

Susanne Hühn:
Endlich gut genug!
Von der Sucht nach Perfektion
zu mehr Selbstliebe, Gelassenheit
und innerem Frieden
© 2012 Schirner Verlag, Darmstadt

Umschlag: Murat Karaçay, Schirner,
unter Verwendung von #6558419 (Sunnydays)
und #15958939 (laxmi), www.fotolia.de
Sonnenmotiv im Text: #6558419 (Sunnydays),
www.fotolia.de; Autorenfoto: Susanne Hühn
Redaktion: Tamara Kuhn, Schirner
Satz: Zhanna Starke & Tamara Kuhn, Schirner
Printed by: ren medien, Filderstadt, Germany

www.schirner.com

2. Auflage Januar 2014

Susanne Hühn

ENDLICH
GUT GENUG!

Von der Sucht nach Perfektion
zu mehr Selbstliebe, Gelassenheit
und innerem Frieden

Schirner
Verlag

Inhalt

Vorwort.. 6

Der erste Schritt.. 20
Wir geben zu, dass wir unserer Sucht nach Perfektion und nach
unbarmherziger Selbstkritik machtlos ausgeliefert sind, und wir
kapitulieren.

Der zweite Schritt..................................... 58
Wir kommen in das Vertrauen, dass es höhere, spirituelle Kräfte
gibt, die uns in eine neue schöpferische Freiheit führen können.

Der dritte Schritt...................................... 82
Wir beschließen, unser Leben, besonders unsere Sucht nach Per-
fektion, der lebendigen Schöpferkraft anzuvertrauen, um neue
Wege zu finden

Der vierte Schritt..................................... 108
Wir schauen uns an, wie unsere Angst davor, nicht gut genug zu
sein, wirkt, wo sie angemessen ist und wo sie eventuell Schaden
angerichtet hat – wir machen eine Inventur.

Der fünfte Schritt 156
Die Kraft der Selbstvergebung – Vergebung, Frieden und Mitgefühl mit uns selbst

Der sechste Schritt 204
Wiedergutmachung – unsere Lebensfreude auf die Erde holen

Der siebte Schritt 240
Spirituelle und emotionale Selbstverantwortung übernehmen

Nachwort 260

Über die Autorin 268

Haftungsausschluss 271

Vorwort

Hallo, liebe Leserin, lieber Leser,

ich heiße Susanne, und ich bin nicht gut genug.

»Was hat sie denn jetzt«, fragst du dich wahrscheinlich kopf-schüttelnd, »verfällt sie in negatives Denken? Programmiert sie sich auf Mangel? Zeigt sie endlich ihr wahres Gesicht?«

Ja. So kommt es mir vor. Mein wahres Gesicht. Ich sitze an einem Tisch in einer kuscheligen Wellnessoase (mir eine echte Auszeit zu geben, war die beste Idee, die ich seit langer Zeit hatte!), ich entspanne mich nach einer anstrengenden Tour durch Österreich und einem insgesamt anstrengenden Jahr – doch statt dass ich loslasse, statt dass ich ausgeruht, strahlend und glücklich hier sitze, glüht mein Gesicht. Es ist rot, es spannt, ich sehe echt schlimm aus. Was ist passiert, frage ich mich. Normalerweise habe ich eine recht unempfindliche Haut. Ich versuche wirklich, liebevoll mit mir selbst umzugehen, ich führe nach vielen Jahren des inneren und des äußeren Kampfes (oder sagen wir einfach »auf dem Weg«) ein privilegiertes Leben, ich

verbringe meine Tage mit Schreiben, mit spirituellen Seminaren, mit den Menschen und Tieren, die ich zutiefst liebe – in
dem Haus, nach dem ich mich immer gesehnt habe. Wenn ich
heute nicht glücklich und zufrieden bin, wann soll ich es denn
dann sein?

Ich atme und spüre in mich hinein. Was fühle ich? Scham. Ich
bin sichtlich verletzbar, sehe nicht so strahlend aus, wie ich es
von mir erwarte und wie es, wenn ich genau hinschaue, auch
andere oft von mir erwarten – ich arbeite mit hohen Energien,
wenn ich nicht strahle, wer denn dann? Ich bin sichtlich verletzbar, wund, nicht perfekt, nicht mal ansatzweise erleuchtet. Ich
spüre Trauer. Ich kann mich selbst nicht loslassen, meine absur-
den Ansprüche an mich nicht einfach mal ruhen lassen.

Und schon höre ich diese innere Stimme: »Sind diese Ansprüche wirklich so absurd, oder solltest du nicht danach streben,
dich zu verbessern? Können sie nicht Ansporn sein – solltest du
dich nicht einfach mehr anstrengen?« Bin ich tatsächlich nicht
gut genug, fällt anderen das, was ich tue, nicht sehr viel leichter?
Es stimmt ja, ich weiß, je länger ich diesen Weg gehe, immer
deutlicher, wie wenig ich in Wahrheit weiß.

Und ich fühle Druck. Womöglich selbst gemacht, womöglich
nicht. Mein Gesicht brennt wie Feuer, während ich das schreibe, ich bin mir dicht auf den Fersen.

Vor ein paar Monaten wurde ich für das gerade vergangene Wochenende nach Österreich eingeladen. Ich hatte die Ehre, während einer großen Veranstaltung einen Vortrag zum Thema Selbstliebe zu halten; einen Tag später sollte es zu diesem Thema einen Workshop geben. »Wir rechnen mit mindestens hundert Leuten«, sagte der Veranstalter, »vor drei Jahren waren es sogar dreihundert. Du wirst ein volles Haus haben.«

Hilfe! Das war eine böse Falle. Ich weiß, welche Kollegen große Hallen füllen, und ich gehöre nicht dazu. Vor allem deshalb nicht, weil ich mich nicht wohlfühle, wenn ich vor einer relativ unpersönlichen, weil großen Anzahl von Menschen sprechen soll. (Meine innere Perfektionistin allerdings glaubt, sie sei nicht gut genug – und woher weiß ich, dass das nicht einfach auch stimmt?) Ich liebe kleinere, überschaubare Seminare, bei denen ich echten Kontakt habe, kleine, intime Gruppen, mit denen ich in direkte, persönliche Kommunikation treten kann.

Gleichzeitig spürte ich hinsichtlich der großen Veranstaltung den Anspruch an mich selbst, all diese vielen Menschen auch anzuziehen, den Veranstalter nicht zu enttäuschen, denn er investierte eine Menge Geld in die Miete eines großen Hotelsaals. Und natürlich hatten auch Mike und ich einen ziemlich großen finanziellen Aufwand, lange Anreise, Übernachtungen ... Es sollten also schon einige Menschen kommen, damit sich der Aufwand ausgleichen würde.

Das war eine echte Zwickmühle. Hätte ich mein eigenes Thema Selbstliebe ernst genommen, dann hätte ich nicht zusagen dürfen – und wenn doch, dann mit dem Hinweis, dass ich sehr gern ein Seminar gebe, aber mit viel weniger Teilnehmern. Punkt. Wir sind im Jahr 2012, und in diesem Jahr positionieren wir uns, erkennen wir in jedem Lebensbereich unseren wahren Platz an.

Ich sagte dennoch zu, denn erstens mag ich den Veranstalter, und zweitens waren mir diese Zusammenhänge zu dem Zeitpunkt noch nicht bewusst. Außerdem würde ich mich ernsthaft fragen, was denn mit mir los sei, wenn ich es nicht wenigstens probieren würde, dachte ich. Ich hatte schließlich schon erfolgreiche, lebendige Vorträge mit achtzig, hundert Leuten gehabt.

Wir fuhren also sehr viele Kilometer. Der Veranstalter sagte, es gebe für den Workshop am nächsten Tag nur dreißig statt hundert verkaufter Eintrittskarten. Aber durch den Vortrag würde es sicher noch viele Anmeldungen geben. Puh. Während des Vortrages wusste ich, dass ich dafür sorgen musste, das Seminar am nächsten Tag zu füllen. So etwas ist eine ungeheure Herausforderung, die mich total überfordert. Ich kann nicht gleichzeitig an die geistige Welt angebunden sein, im Dienst am Licht stehen und den Menschen geben, was die geistige Welt durch mich geben will, UND auch noch gut genug sein, Menschen in meine Seminare zu ziehen. Das ist ein Anspruch, der mich innerlich zerreißt und mir in keiner Weise guttut, der nicht mal stimmig ist.

So sehr es mir selbst entgegenkam, dass der Workshop letztlich überschaubar und damit auch sehr intensiv war, so sehr
schämte ich mich vor dem Veranstalter, denn ich hatte seine
Erwartungen nicht erfüllt. Ich verglich mich mit den anderen Re-
ferenten, fühlte mich nicht gut genug, minderwertig, irgendwie
einfach zweite Wahl, und stand auf einmal in Konkurrenz mit
jenen Kollegen, die brillante Vorträge vor Hunderten von Menschen halten und darin aufgehen.

Und ich habe in solchen Situationen Angst – meine gesamte
finanzielle Existenz hängt ja davon ab, dass ich Menschen berühren kann. Ich will mich also verkriechen, will einen Nine-to-
Five-Job, in dem ich nicht sichtbar bin, und ich erlaube mir, mich
wirklich traurig und beschämt zu fühlen.

Alles, was du, liebe Leserin, lieber Leser, mir dazu gern sagen
würdest, ist mir bewusst. Ich weiß, wie absurd das alles klingt.
Es klingt selbst gemacht, geradezu hochmütig und wichtigtue-
risch, das ist Jammern auf wirklich hohem Niveau. Es ist selbst
gemacht. Und das macht es ja noch schlimmer, denn ich weiß
nicht, wie ich damit aufhören kann. Ich schreibe dieses Buch
und erzähle diese Geschichte, weil ich einen echten, mein Leben zerstörenden Mangel in mir erkenne – ich bin perfektionistisch und damit niemals gut genug. Das ist mir schon sehr lange
bewusst, doch heute erkenne ich, dass es Zeit wird, darüber zu
schreiben.

Ich habe eine solche Angst davor, jemanden zu enttäuschen, dass ich mich immer wieder zu verbessern suche, mir niemals Ruhe gönne, meine Lorbeeren nicht genieße, geschweige denn mich auf ihnen ausruhe, sondern immer nur kleine (sehr fragile) Etappenziele sehe. Ich bin vertraut mit der Angst des inneren Kindes, aber dieses innere Kind in Sicherheit zu bringen, reicht hier nicht. Diese Angst reicht tiefer. Auch Co-Abhängigkeit trifft es nicht genau. Ich habe das dringliche Gefühl, dass dieser Perfektionismus, diese Angst davor, jemanden zu enttäuschen, nicht gut genug zu sein und Strafe dafür zu erhalten, vom Liebesentzug bis hin zur völligen Existenzvernichtung, ein eigenes Thema ist. Es hat mit Kontrolle zu tun, damit, dass wir es nicht aushalten können, dass sich das Leben nicht kontrollieren lässt, egal wie sehr wir uns mit geistigem Heilen, »Bestellen« und Manifestieren auskennen – dass am Ende Entropie herrscht, die unvorhersehbare Wandlung, ob uns das gefällt oder nicht.

Albert Einstein schrieb 1926 in einem Brief, Gott würfele nicht. Aber er schrieb es, weil er die Ergebnisse der Quantenphysiker ablehnte; sie passten nicht in sein deterministisches Weltbild von Ursache und eindeutiger Wirkung – es konnte demnach also nicht stimmen! Gott »würfelt« aber sehr wohl! Ob die Ergebnisse einer bestimmten Ordnung folgen oder nicht, wissen wir nicht. Wir müssen uns damit einverstanden erklären, dass sich die Materie immer wieder neu manifestiert und dass wir nur begrenzten Einfluss auf das Ergebnis haben – einfach weil

es so ist. Die Quantenmechanik weiß das; am Ende der Messlatte herrscht Unschärfe. Darüber, wie sehr wir diese Unschärfe
mit unserem Bewusstsein beeinflussen können, gibt es sehr ge-
teilte Meinungen. Einige spirituelle Lehrer meinen, dass genau
dort unsere Absicht und unsere Schöpferkraft wirksam werden,
andere widersprechen dieser Meinung und lehren Demut vor
dem, was ist. Vielleicht stimmt beides. Es ist wahrscheinlich, aber
nicht sicher, dass sich ein Teilchen auf eine bestimmte Weise
verhält und manifestiert. Je mehr wir glauben, dass wir die Welt
und das, was uns geschieht, durch unser Verhalten und unsere
geistige Ausrichtung kontrollieren könnten, desto abhängiger
werden wir vom gewünschten Ergebnis und desto mehr verlieren wir unsere wichtigste Überlebenseigenschaft: die Fähigkeit,
uns veränderten Bedingungen anzupassen.

Bist du perfektionistisch, dann verschanzt du dich hinter starren
Regeln und Strukturen (du tust die Dinge auf eine bestimmte
Art und Weise, die nicht infrage gestellt werden darf, sonst wirst
du unwirsch und bekommst Angst), statt deine flexible Schöpferkraft, die in jedem Moment neu entscheidet, zu trainieren
und zu nutzen.

**Es ist sehr sinnvoll, dass wir lernen, positiv zu denken, dass
wir unsere geistigen Kräfte, unsere Absichten, bewusst und
eindeutig ausrichten, dass wir üben, die von uns gewünschten Ergebnisse durch entsprechende Handlungen zu mani-**

festieren und alles zu tun, um erfüllt, selbstbestimmt, selbst-
verantwortlich, kraftvoll und glücklich leben zu können, das
steht außer Frage. Positive Affirmationen sind schöpferische
Absichtserklärungen, Blaupausen, in die hinein sich das Leben
entwickeln kann. Du wirfst einen geistigen, schöpferischen
Pfeil in die Richtung, in die du gehen willst, und öffnest dich
für bestmögliche Ergebnisse.

Aber wir dürfen nicht abhängig von der Vorstellung werden,
dass sich alles so fügen wird, wie wir es wollen. Wir brauchen
die innere Freiheit, einigermaßen entspannt mit Chaos umzugehen, sonst erstarren wir und werden auf gewisse Weise lebens-
untüchtig. Als Perfektionist weigerst du dich allerdings geradezu, kreativ mit dem Chaos umzugehen, und du glaubst, wenn
du dich nur genügend anstrengen würdest, nur gut genug wärst,
dann dürften bestimmte Dinge einfach nicht passieren. Dieser
ganze allgemeine Wahnsinn gipfelte in der Frage: »Wie kann
jemand wie Bärbel Mohr (oder ein anderer spiritueller Lehrer)
an Krebs sterben?« Gehts noch? Wieso sollte das nicht passieren
können?

Es ist unsere Sucht, für alles eine (geistige) Regel zu finden,
damit wir sie anwenden und somit das Schicksal kontrollieren können, so, als herrschten deterministische Zustände auf
der Erde (Aussage: »Durch eine bewusst gesetzte Ursache er-
folgen eindeutig vorherbestimmbare Wirkungen«). Das haben

die Quantenmechaniker schon zu Beginn des 20. Jahrhunderts widerlegt. So ist die Wahrscheinlichkeit, dass auch die geistige Welt nicht starr am Ursache-Wirkungs-Prinzip festhält, ziemlich groß! Glaubst du, dass du mit deinen Gedanken und deiner inneren Haltung eindeutig deine Wirklichkeit manifestierst, dann hältst du wie Einstein an einem Weltbild fest, das sich nicht beweisen lässt, das sich selbst sogar immer wieder widerlegt. Bist du perfektionistisch, dann bestehst du darauf, dass du eben noch nicht gut genug warst, dass die Ursache, die du gesetzt hast, nicht eindeutig genug war.

Widerspricht das unserer Idee, dass wir selbst Schöpfer unserer Wirklichkeiten sind? Natürlich nicht! Sonst wären wir schon wieder in der Falle der Dualität. Aber die Quantenphysik weiß, dass die Regel »Sowohl – als auch« gilt. Das eine schließt das andere nicht aus. Es geht wie immer um Freiheit und darum, wie du der Welt begegnest. Hältst du an starren Vorgaben fest, dann wird dir die Welt schon zeigen, was Unschärfe in Anwendung bedeutet!

Kennst du dich mit Numerologie aus? Es gibt ein, wie ich finde, hervorragendes Buch von Dan Millman, *Die Lebenszahl als Lebensweg*[1]. Ich bin eine 33/6 und damit prädestiniert für Idealismus und Perfektionismus. Meine Aufgabe ist es, voller Feinge-

---

1 Dan Millman: *Die Lebenszahl als Lebensweg. Wie wir unsere Lebensbestimmung erkennen und erfüllen können*. München: Ansata, 2005.

fühl mein Innerstes zum Ausdruck zu bringen und diesen Idealismus als Vorbild, als Matrix anzuerkennen, aber nicht als Ziel, das ich erreichen muss. Dieser Aufgabe widme ich mich – aber nicht nur.

Ich geißele mich mit der Idee, dass es immer noch ein bisschen besser geht, weil es ja stimmt. Es geht immer noch ein bisschen besser, aber welchen Unterschied ergibt das für den Lauf der Welt? Wahrscheinlich keinen gravierenden. Verkaufe ich mehr Bücher, wenn ich zwei Kilo weniger wiege? Mögen mich die Menschen mehr, wenn ich niemals einen Pickel habe? Wenn meine Haare zehn Zentimeter länger oder kürzer sind, wenn ich mehr schicke Blumen im Garten habe und weniger wilde Stellen? Oder andersherum, je nach Zielgruppe? Rotte ich den Giersch aus (ein geradezu hoffnungsloser Plan), oder lerne ich, damit zu kochen? Beides ist perfektionistisch, Entweder-oder-Denken, denn auch damit kochen zu lernen ist, so, wie ich es praktiziere, eine Schöner-wohnen-Herangehensweise: Sei effektiv und kreativ! Und sieh dabei noch gut aus. Oder lasse ich diese Pflanzen einfach stehen und befreie nur einige Stellen im Garten davon, damit ich dort Blumen pflanzen kann? Wenn ich Lust dazu habe, diesen Giersch zu kochen, kann ich es ja machen. Er ist einfach da. Er stellt mich weder vor eine Aufgabe noch vor eine Entscheidung, er bietet mir nicht mal eine Herausforderung, er wächst nur einfach im Garten. Wenn ich ein Problem daraus mache, weil ich der Meinung (oder voller Angst) bin, ich sollte diesen

Giersch unter Kontrolle haben und diese Gartenecke nach Feng-Shui-Regeln gestalten, statt dem Leben zu erlauben zu sein, wie es ist – nun, das ist meine Wahl. Ich habe mich lange mit dieser Frage herumgeschlagen, um es »richtig« zu machen. Was sagt es über mich, wenn ich zulasse, dass dieser Giersch in meinem Garten wuchert? Habe ich mein Leben nicht im Griff, mache ich mich zum Opfer? Das war echt anstrengend, bis mir klar wurde, dass es kein »Richtig« gibt, sondern nur Handlungen und Konsequenzen. Ich kann die Bereiche gestalten, ich kann mir sehr viel Arbeit machen, wenn ich das möchte. Ich muss aber nicht. Dem Leben ist es egal; da wächst etwas, es breitet sich aus und betreibt Fotosynthese. Es lebt bereits. Wenn ich einen anderen Ausdruck haben will, dann ist das nur meine Sache, da gibt es keine Regel. So ein Garten lehrt sehr vieles über den Lauf des Lebens und über Schöpferkraft und Hingabe ...

Was will ich sein, einfach ich selbst, oder will ich einer idealisierten Idee von mir nacheifern? Meine Antwort ist natürlich klar, aber sie scheint für meinen Perfektionismus nicht zu zählen. Der eifert einem Ideal nach, von dem ich nicht einmal weiß, ob es überhaupt auf meinem eigenen Mist gewachsen ist oder nur auf einer Ansammlung von Vorstellungen beruht ...

... und dennoch – stimmt es nicht? Sind wir nicht auf dem Weg der Verbesserung? Wann ist »gut« endlich »gut genug«? Wollen wir nicht unser Höheres Selbst manifestieren, so liebevoll und mitfühlend wie möglich sein, friedfertig und zugleich in der Lage, unseren eigenen Weg zu gehen (was manchmal auch deutliche Abgrenzung erfordert)?

In diesem Spannungsfeld aus Selbstannahme und Selbstverbesserung habe ich mich verfangen. Und deshalb: Jetzt, heute, mit diesem schmerzenden Gesicht und einem schweren Herzen, erkenne ich meinen Perfektionismus als Sucht an.

Solange ich unter dieser Sucht leide, werde ich niemals so gut sein, dass ich mich entspannen und aufatmen kann. Das ist kein negatives Denken, das ist die Wahrheit. Diese Sucht hängt die Messlatte immer wieder ein Stück höher, ich werde niemals mein Ziel erreichen, weil es sich von mir wegbewegt, wenn ich ihm näher komme. Wie jeder Sucht, die etwas auf sich hält, gehen auch dieser hier niemals die Argumente aus.

Das ist ein sehr selbstzerstörerisches Verhalten, das mir bewusst ist und das ich dennoch nicht lassen kann. Ich weiß jedenfalls nicht, wie. Und das ist nun mal die Definition von Sucht. Sie verdirbt mir meine Zufriedenheit, mein Glück, meine Entspannung und im Moment gerade auch meine Gesundheit.

Also mache ich das, was ich immer mache: Ich schreibe darüber. Und ich lade dich dazu ein, den Weg aus der Sucht danach, perfekt zu sein, mit mir zu gehen. Den Weg gibt es zum Glück schon, und ich bin wie immer zutiefst, wirklich zutiefst dankbar für jeden einzelnen Menschen, der ihn bereits gegangen ist. Folgen wir allen diesen Menschen ein paar Schritte auf unsere Weise, jeder für sich, einzigartig – und dennoch gemeinsam.

Der erste Schritt

Wir geben zu, dass wir unserer Sucht nach
Perfektion und nach unbarmherziger Selbstkritik machtlos ausgeliefert sind, und wir
kapitulieren.

»Aha«, denkst du, »DAS ist jetzt aber definitiv negatives Denken.« Ist es das? Oder stimmt es nicht einfach? Wenn wir etwas verändern wollen, müssen wir es zunächst anerkennen, annehmen, das haben wir gelernt.

Doch Vorsicht! Annehmen heißt nicht, dass wir es lieben müssen, es bedeutet nur, dass wir es als Wahrheit erkennen und damit aufhören, nach Ausreden zu suchen. Annehmen heißt weder lieben noch gut finden, es heißt einfach nur, dass du etwas als dir zugehörig anerkennst – also die Verantwortung dafür übernimmst, dass es zu dir gehört. Du kannst nur verdauen, was du geschluckt hast, egal ob es dir schmeckt oder nicht. Wenn du süchtig danach bist, perfekt zu sein, wenn du dich süchtig immer wieder selbst niedermachst, dann hast du sicherlich bereits viele Versuche unternommen, davon loszukommen. Warst du erfolgreich?

Wenn du eine Sucht hast, dann ist dein Mandelkern, der Teil des Gehirns, der alle eingehenden Informationen auf der Stelle und ohne Umschweife emotional bewertet, programmiert.

Voller Angst und Panik feuert er elektrische Impulse in die verschiedensten Hirnbereiche, wenn eine suchtauslösende (oder angstauslösende) Situation auf dich zukommt, und versucht, das Schlimmste zu vermeiden, indem er dich in Alarmbereitschaft versetzt. Reden wir gleich über den Mandelkern, denn wenn wir diesen nicht verstehen, dann können wir nicht ernsthaft kapitulieren. Aber genau diese Kapitulation brauchen wir. Ganz besonders wir, die wir glauben, wenn wir uns nur genügend anstrengten, müssten wir doch alles schaffen – sogar, uns zu entspannen und eben nicht mehr perfektionistisch zu sein. Kapitulieren ist für uns gleich Nicht-gut-genug-Sein ist gleich Versagen. Das Werkzeug des ersten Schrittes zu nutzen fällt uns, gerade weil wir so perfektionistisch und damit auch kontrollsüchtig sind, besonders schwer. Deshalb zunächst ein bisschen was zum Verstand, denn der Verstand ist ein ungeheuer wertvolles Werkzeug.

Gerade gestern hatte ich ein interessantes Gespräch mit jemandem, der mir erklärte, unsere Angst käme ja nur aus dem, was wir denken – aus dem Verstand. Da hat jemand ernsthaft die Gehirnareale verwechselt, und dennoch glauben viele Menschen, dass es so ist. Seit wann sorgt denn der Verstand dafür, dass wir Angst haben? Das Gegenteil ist der Fall. Der *Neocortex* (hier sitzen Verstand, Spiritualität und Bewusstsein!), der präfrontale Gehirnlappen, ist der jüngste Bereich des Gehirns, und hier finden wir besonders Kooperation, Mitgefühl, intuitive Intelligenz und Lebensfreude – aber ganz sicher keine Angst!

Die Idee, Angst würde durch den Verstand ausgelöst und wäre somit durch eine bestimmte Art zu denken kontrollierbar, spukt besonders bei all denen herum, die hoffen, nicht nur sich selbst, sondern auch das Leben dadurch in den Griff zu bekommen – und sie ist damit gefundenes Fressen für die Sucht nach Perfektion und Kontrolle.

Du bist einfach nicht gut genug, wenn du Angst hast, meinst du? Denk anders, und alles ist gut? Lass dir das nicht einreden! Es stimmt nämlich nicht. Angst entsteht in einem Gehirnbereich, der Mandelkern (Amygdala)[1] genannt wird, und sie hat ihre Ursache immer in der echten Erfahrung von Schmerz und Bedrohung – allerdings brauchen wir diesen Schmerz und die Bedrohung nicht persönlich und real erfahren zu haben. Eine auf Angst programmierte Amygdala können wir durchaus bereits mitbringen, denn wir sind alles andere als unbeschriebene Blätter, wenn wir zur Erde kommen. Selbst wenn wir alle spirituellen Ideen über Reinkarnation etc. beiseitelassen, werden wir durch die Erfahrungen unserer Eltern tief programmiert, sei es über genetische Vererbung oder zumindest über Erfahrungen während unserer Zeit im Mutterleib – während der Zeit, in der unser Mandelkern heranreift!

---

1 Genau genommen haben wir zwei Mandelkerne, die fachsprachlich *Amygdali* heißen. Ich spreche sowohl von »dem Mandelkern«, wenn es um den Bereich an sich geht, als auch von »den Mandelkernen«, wenn es an der jeweiligen Stelle sinnvoll ist. Von »Mandelkernen« spricht man, weil diese Gehirnteile wirklich aussehen wie Mandeln.

Es gibt im Mandelkern zwei verschiedene Schaltkreise: Der eine
sorgt dafür, dass bestimmte Ereignisse mit Angst verknüpft werden, der andere entkoppelt dieses Ereignis wieder von Angst,
nämlich dann, wenn wir ein Ereignis einige Male erleben – aber
ohne bedrohliche Auswirkungen. Merken wir uns also: Angst
entsteht sofort, bei der ersten Bedrohung; diese Angst wieder
zu verlernen dagegen braucht mehrfache positive Wiederholun-
gen – das ist auch klar, denn dein Gehirn, besonders der Mandelkern, will dein Leben schützen. Natürlich lernt er sofort alles
über bedrohliche Situationen und löscht das Gelernte nur langsam, denn eine gesunde, rasche und angemessene Reaktion auf
Gefahr ist für uns nun mal wichtiger als die Fähigkeit, »entspannt
spazieren zu gehen«. Flucht, Sich-tot-Stellen oder Angriff ist le-
bensrettender als Mitgefühl, zumindest war das in der Zeit so,
in der unser Gehirn entstanden ist.

Wissenschaftler nennen diese Schaltkreise Angst- bzw. Lösch-
neuronen. Frei von Angst zu werden lernen wir also im wahrs-
ten Sinne des Wortes über bewusst erlebte positive Erfahrungen. Später werden wir uns anschauen, wie wir selbst uns diese
positiven Erfahrungen ermöglichen können. Aber wir verstehen
schon jetzt: Jedes Mal wenn wir unserer Kontroll- und Perfektionssucht nachgeben, programmieren wir uns immer wieder neu
auf Strafe bei Nichtgefallen – denn wir geben der Angst Raum
und bestätigen sie. Damit werden vermehrt Proteine gebildet,
welche entsprechende Informationen an unsere hormonbilden-

den Drüsen übermitteln, und wir reagieren beim nächsten Mal mit noch mehr Angst, Erstarrung, Angriff und Vermeidung, verspannen uns immer weiter.

Der älteste Teil unseres Gehirns ist das sogenannte Reptiliengehirn. Dieser Hirnteil ist emotionslos und sorgt für unser Überleben, schickt uns kompromisslos in den Wettbewerb und sorgt dafür, dass wir uns ohne Umschweife verteidigen, tot stellen oder angreifen. Wundern wir uns manchmal, warum es Leute gibt, die ohne jede menschliche Regung für ihr eigenes Wohl sorgen und dabei »über Leichen gehen«? Nun, das können wir alle, wir brauchen nur unser Reptiliengehirn einzuschalten. Erst das entwicklungsgeschichtlich danach entstandene Säugetiergehirn gibt uns die Fähigkeit, Emotionen, soziales Verhalten und Fürsorge zu erleben. Da die Anlagen des Reptiliengehirns aber auch dort vorhanden sind, schwanken unsere Handlungsimpulse ständig zwischen den Polen Wettbewerb und Fürsorge, Angriff und Unterstützung, dem Recht des Stärkeren und der mitfühlenden Sorge für Schwächere hin und her.

Und dann gibt es da noch den »brandneuen« Stirnlappen, den Neocortex. Dieser erlaubt uns, komplexe Dinge wie Sprache, Musik, verfeinerte motorische Fähigkeiten, Voraussicht und abstrakte Ideen zu entwickeln. Hier finden wir vor allem unser Bewusstsein, unsere Fähigkeit, über uns selbst nachzudenken, die Dinge von verschiedenen Seiten zu betrachten und sie unabhängig von uns selbst zu sehen. Im Vorderhirn sind wir in der Lage, auch die andere Seite der Medaille zu betrachten und aus unserer sehr persönlichen, uns betreffenden Sicht der Dinge das größere Ganze zu überschauen. Wenn Goethe durch seinen Faust erklären lässt, er wolle wissen, was die Welt im Innersten zusammenhalte, dann kann er das nur über den Neocortex erfahren. Der Stirnlappen denkt zu hundert Prozent kooperativ und bildet somit einen vollkommenen Gegenpol zum Reptiliengehirn – das weiß die Hirnforschung. So viel zum Thema Verstand und Angst!

Der Mandelkern ist ursprünglich aus dem Riechhirn, dem Sitz unseres Geruchssinns, entstanden, und das ist auch logisch. Der Geruchssinn bildet das Frühwarnsystem der meisten Tiere, er ist bei vielen Tieren die am frühesten und besten entwickelte Sinneswahrnehmung. Die Wahrnehmung von Gerüchen – sei es der sexuelle Lockstoff eines potenziellen Partners, der Geruch einer Beute oder der eines Feindes – sorgt für blitzschnelle, unmittelbare Reaktionen, .

Im Mandelkern nun wird für jede Situation neu entschieden, ob wir mit einem entwicklungsgeschichtlich älteren oder einem neueren Anteil unseres Gehirns reagieren und ob der Schaltkreis einer Angstreaktion aktiv wird oder nicht. Weil die Verknüpfungen zu den älteren Teilen, dem Reptilien- und dem Säugetiergehirn, älter und damit auch besser ausgeprägt und schneller

sind, erfolgt die erste Reaktion bei eingehenden Informationen
(jedes Ereignis bildet eine Information für unser Gehirn) zumeist
aus den älteren Gehirnteilen – Wettbewerb, Überleben, dann
erst Fürsorge und Emotionen. Der erste Impuls sorgt noch immer für das Überleben.

Leider sind wir in vielen wichtigen Bereichen so darauf programmiert, diese an sich äußerst sinnvolle Überlebensreaktion
zu unterdrücken, dass wir sie uns auch dann versagen, wenn
sie sehr angemessen wäre. Zum Beispiel immer dann, wenn
uns jemand einreden will, wir wären nicht gut genug – inklusive
uns selbst – immer dann, wenn uns jemand Druck macht, uns
manipuliert. Und so befinden wir uns beinah immer in Angst,
weil wir das, was uns tatsächlich bedroht, sei es eigenes unge-
bührliches Verhalten oder das von anderen, schönreden oder
ignorieren.

Warum erzähle ich dir das? Damit du verstehst, dass Kapitulieren eine gute Idee ist, weil wir unsere Mandelkerne nicht
kontrollieren können. Wir können ihnen andere Erfahrungen
geben, und wir können sie durch Visualisieren erreichen, doch
wir können unsere Sucht nach Perfektion nicht meistern, nicht
mit den Werkzeugen, die wir bisher angewendet haben. Zum
Glück gibt es andere, und Kapitulation ist das erste davon. Damit wird der Weg frei für frische Energien, für neue Ideen und
neue Werkzeuge.

Wozu dient das, Perfektionismus (oder gnadenlose Selbstkritik) als Sucht anzuerkennen und zu kapitulieren? Nun, du bestätigst dir damit, dass du dieses Verhalten auch nicht insgeheim für richtig hältst und dich vielleicht sogar anderen überlegen fühlst. Arroganz und Überheblichkeit sind zwei ausgeprägte Kennzeichen bei Perfektionisten, das kennst du mit Sicherheit von anderen. Die Überheblichkeit sorgt dafür, dass wir uns sicherer fühlen, irgendwie besser, und das ist unser Sicherheitsnetz gegen die völlig willkürliche Vergabe von Strafe und Schuldzuweisungen, die wir so sehr fürchten und leider auch erfahren haben. Perfektionismus ist nicht gesund, und es ist nicht einfach nur »Ich will es gut machen«. Etwas gut machen zu wollen hat eine vollkommen andere Energie und einen ganz anderen Ursprung, als perfekt sein zu wollen oder zu müssen.

So erkennst du, wenn du den ersten Schritt gehst, an, dass du ein Problem hast. Viele Perfektionssüchtige kokettieren damit, geben zwar zu, dass sie perfektionistisch sind, meinen aber in Wahrheit, dass sie hohe Ansprüche haben, dass sie sich eben bemühen, alles besonders gut zu machen, und insgeheim sind sie stolz darauf. Gibst du zu, dass dich dein Perfektionismus unglücklich macht, dann erkennst du an, dass du Hilfe brauchst, und damit aktivierst du deine psychischen Selbstheilungskräfte.

So erlaube dir, nur für einen Moment anzuerkennen, dass dein Weg, so, wie du ihn bis jetzt gegangen bist, keine befrie-

digende Lösung aus der Sucht nach Selbstkritik bietet – denn wenn das so wäre, bräuchtest du dieses Buch ja nicht zu lesen.

Wir benötigen andere, größere Kräfte, die sich unserem ungesunden Verhalten, dem zwanghaften Vermeiden von Fehlern und Unzulänglichkeiten, annehmen. Oft hören wir, dass wir nur verstehen müssten, dass sich Perfektion nicht erreichen lässt. (»Ach ja? Stimmt das?«, fragt meine Sucht, »aber ein bisschen besser geht schon noch, oder?« Und wahrscheinlich hat sie sogar recht ...) Wir hören, dass wir lernen dürfen, auch mal loszulassen und uns selbst zu loben. Ja, klar, ich bin aber SÜCHTIG! Mein Verstand und meine Einsicht nutzen mir wirklich gar nichts, denn diese Angst vor dem Versagen sitzt so dermaßen tief, dass mein Verstand nicht heranreicht. Wir brauchen etwas anderes, und so nutzen wir das Suchtselbsthilfeprogramm, das auch Alkoholikern hilft – da glaubt auch keiner, dass sie schon aufhören würden, wenn man ihnen nur sagte, dass Alkohol die Leber schädigt.

Kapitulieren wir. Erkennen wir den Schaden in vollem Ausmaß an, und hören wir auf, unsere Gefühle und unsere Angst zu kontrollieren und vor uns selbst zu verbergen.

Du hast einen Grund dafür, perfektionistisch zu sein, einen zwingenden, der dir dein Überleben gesichert hat. So leicht lässt dich dein Mandelkern nicht entwischen, denn er weiß nicht, dass du dieses manchmal recht zwanghafte Verhalten nicht mehr brauchst – und vielleicht brauchst du es sogar noch! Erst wenn eine gesunde, dem Leben auf eine flexiblere Weise dienende Kraft wirkt, kann dein Mandelkern loslassen. Solange er keine Alternative hat, wird er dich in den Perfektionismus prügeln, denn er hat dein Überleben im Sinn, koste es, was es wolle.

Bitte schließ die Augen, und atme ein paar Mal in den Bauch – denk an eine Situation, in der du dich nicht gut genug fühlst, ich bin sicher, da gibt es Hunderte. Nun nimm wahr, wie es dir dabei geht, ohne das Wahrgenommene zu verändern – wie geht es deiner Atmung, wie fühlst du dich, was geschieht mit dir? Lass es sein, wie es ist, vergiss alle rettenden Maßnahmen (die nur wieder Kontrolle darstellen), nimm dich selbst bitte mit dem wahr, was IST.

Ich fühle Anspannung, sogar Selbsthass, Aggression, Angst, einen immensen inneren Druck, und mein inneres Kind dreht durch vor Panik, sitzt zitternd und zusammengekauert in einer Ecke und befürchtet das Schlimmste. Nun, die Kleine in mir wird wissen, warum.

Bitte lass es für einen Moment sein, wie es ist, das ist kein negatives Denken, sondern es ist wichtig, dass deine Selbstheilungskräfte das Ausmaß deiner Sucht und seine Folgen endlich ungefiltert wahrnehmen!

Üblicherweise sind wir sehr gut darin, unerwünschte Reaktionen sogar vor uns selbst zu verbergen und nur das zu fühlen, was wir unserer Ansicht nach fühlen sollten. Wenn wir die Kontrolle über unsere Gefühle aufgeben, einfach deshalb, weil sie sowieso nichts nutzt, dann kommen wir uns selbst auf die Spur und erkennen, wie schädlich und lähmend unsere inneren Dialoge tatsächlich sind.

Jetzt, während ich diesen Text schreibe, habe ich ungefähr nach jedem dritten Satz einen Perfektionismusanfall. Ich stelle mich selbst infrage, meine Energie sinkt. Oder nein, ich glaube (und nehme es so wahr), es geschieht andersherum, aus mir nicht bekannten Gründen sinkt zunächst meine Energie, und dann kommen die Zweifel an mir. Die Angst kommt vor den Gedanken. Ich verliere meinen Faden, und ich würde am liebsten den Laptop zuklappen und etwas anderes machen, vorzugsweise essen oder etwas, was ich kontrollieren kann, putzen zum Beispiel, kochen oder einkaufen. Ich mache dennoch weiter, aber ich fühle mich nicht gut dabei, es ist kein Flow, sondern es fühlt sich anstrengend an, als kämpfte ich gegen eine zähe Masse – und das tue ich auch. Die zähe Masse ist meine Angst davor, nicht gut genug zu sein, langweilig, vorhersehbar, einfach irgendwie nichtssagend und grau. Moment – stimmt das? Nein. Davor habe ich keine Angst. Ich gebe mein Bestes, wenn es nicht gut genug ist, o. k. Mehr habe ich im Moment nicht, damit kann ich wirklich leben, denn ich weiß, es ist mein High End.

Ich zittere aber vor Angst vor den Reaktionen von außen, die mich beschämen, geradezu steinigen (na, alte oder kollektive Erfahrungen?) und an den Pranger stellen, an dem mich jeder auslachen und mit Zeug bewerfen kann. Heute heißt der Pranger zum Beispiel »Presse« oder »Bewertungen bei Amazon«. Wir haben in vergangener Zeit einen sehr soliden Grundstein für unseren heutigen Perfektionismus (und unsere höllische Angst voreinander) gelegt, indem wir uns das, was wir befürchten, gegenseitig lustvoll immer wieder angetan haben und noch immer antun. Es geschieht ja weiterhin, jeden Tag.

Ist das ein Wunder, dass wir makellos sein wollen, glauben, es sein zu müssen, wenn wir uns gegenseitig wegen einer anderen Meinung oder einem anderen Glauben umbringen? Wenn wir uns gegenseitig noch immer geifernd (ja, ich schreibe das so) niedermachen, besserwisserisch und hämisch aufeinander zeigen, wenn wir eine Schwäche oder eine Unzulänglichkeit vermuten? Es gibt noch immer genauso zwingende Gründe, nicht aufzufallen und makellos zu sein, denn die Folgen, wenn wir bei einem Fehler erwischt werden, sind noch immer vernichtend, noch immer regiert Häme statt Mitgefühl die Welt. (Ich rede nicht von echter Schuld und echtem Versäumnis. Dafür sind wir selbst verantwortlich, und wir haben die Konsequenzen zu tragen.)

Die Angriffe von außen kommen aus dem uralten Reptiliengehirn, das auf Angriff und Konkurrenz gepolt ist (das heißt

nicht, dass Reptilien so sind, sondern es ist in dieser Zeit entstanden!). Also reagiert unser eigenes Reptiliengehirn mit Verteidigung, Erstarrung oder Gegenangriff. Das sogenannte Stock-
holm-Syndrom, die Erfahrung, dass sich Entführungsopfer oder
Opfer von Gewalt oder anderem Unrecht nach einer gewissen
Zeit mit ihrem Entführer solidarisieren und ihn verteidigen, gar
mögen und ihm gefallen wollen, ist ganz leicht nachzuvollzie-
hen. Wenn wir in einer für uns unlösbaren Situation sind, dann
reagieren wir aus dem Stammhirn heraus, und wir »rutschen
zurück in das Kind«. Das Kind liebt seine Eltern, egal wie sie
es behandeln, einfach weil es muss, denn es ist ihnen auf Ge-
deih und Verderb ausgeliefert. Das ist einfach die menschliche
Stammhirnvariante von »Sich-tot-Stellen«, die dann greift, wenn
Angriff oder Verteidigung nicht fruchten – und wenn der (erwachsene und bewusste) Neocortex mit seinen kreativen Lösungen keine Chance hat, weil der Angreifer nicht erreichbar,
nicht einschätzbar ist. Domestizierte und misshandelte Tiere
tun oft das Gleiche.

Unser Schutzschild gegen Angriffe von außen, egal ob sie real
sind oder vorweggenommen, ist Perfektionismus, unsere Waffen sind Arroganz, Zynismus und Kritiksucht. Wir missbrauchen
unseren Verstand als Waffe, indem wir ihn der Angst zur Verfügung stellen, denn heute schlagen wir üblicherweise nicht mehr
zu, stellen also nicht mehr unsere Körperkraft in den Dienst der
Verteidigung, sondern unseren Intellekt.

Wie sollen wir NICHT perfektionistisch werden, wie sollen wir keine Angst haben? Erkennst du das tiefe Dilemma? Es reicht nicht, wenn du dir sagst, dass du doch gut genug bist, das kratzt nicht mal an der Oberfläche. Außerdem – wie kannst du dir da so sicher sein?

Es gibt so viele Menschen, die das, was ich hier über das Gehirn und über die Quantenmechanik erzähle, studieren und erforschen – was würden DIE wohl zu meinem Geschreibsel sagen? Halbgares Zeug? Womöglich stimmt es sogar! Damit könnte ich leben, dafür kann ich die Verantwortung übernehmen, denn ich will ja kein Buch über Hirnforschung schreiben, sondern ein paar Zusammenhänge so, wie ich sie verstanden habe, aufzeigen. Es gibt allerdings Leser, die mir ins Gästebuch schreiben, dass sie mein Buch albern finden. (Albern! Wer glaubt wohl, solche Kommentare schreiben zu dürfen? Soll das ein Recht auf freie Meinungsäußerung sein?). Und damit sollst du als Schriftstellerin, die immense Angst davor hat, zu versagen, umgehen? »Dann schreib halt nicht«, sagt mir gleich meine freundliche innere Perfektionistin, »wenn du damit nicht umgehen kannst.«

Du kennst die Texte aus deinem eigenen Kopf – und nein, nicht aus dem Verstand, wie du jetzt weißt, der kann nämlich kooperieren und logisch und differenziert denken, sofern er geschult ist. Es ist die Angst davor, zu versagen, die sich des Sprachzentrums bedient, damit sie gehört wird, aber es ist nicht der Verstand selbst. Der hat keine Angst, der warnt höchstens nachdrücklich und vernünftig und kommt mit kreativen Lösungsvorschlägen daher, wenn tatsächlich Gefahr im Verzug ist.

Das Sprachzentrum in deinem Gehirn steht allen anwesenden Teilnehmern zur Verfügung, dem Verstand, aber eben auch der Angst, auch dem Zweifel, auch der Selbstkritik. Nicht alles, was wir denken, kommt aus dem Verstand. Die Angst formuliert ihre Anliegen und Verteidigungsvorschläge genauso, auch sie denkt – aber eben aus den älteren Gehirnteilen und ihren Erfahrungen heraus. Und so verwechseln wir manchmal die Ebenen.

Nur weil ein Satz sich klar anhört, kommt er noch lange nicht aus dem Verstand. Dein Sprachzentrum differenziert nicht, wem es seine Fähigkeit, Wörter zu formulieren, zur Verfügung stellt, der Angst, dem Zweifel, deinem gesunden Menschenverstand, deinem Höheren Selbst, deinem Schutzengel – das entscheidest du selbst mit deinem Bewusstsein.

Psychisch Kranke hören oft »innere Stimmen«, die zwingend sind und sich sehr klar und logisch anhören, und sie sind ihnen machtlos ausgeliefert (diese völlige Machtlosigkeit definiert die Krankheit). Hier bedient sich die Krankheit des Sprachzentrums.

Daran erkennst du schon, dass es wirklich viele Anwärter gibt, die deine Sprache nutzen wollen, um in Form von Gedanken gehört zu werden.

Natürlich gibt es auch die andere Seite in mir, die weiß oder zumindest hofft und einfach annimmt, dass es durchaus hilfreich sein kann, dieses Buch zu schreiben – nämlich eben diesen intuitiven und kreativen Verstand. Deshalb mache ich weiter. Woher auch immer diese Angst davor, beschämt zu werden und einfach peinlich zu sein, kommen mag, spielt im Moment keine Rolle (ich weiß es oder glaube es zu wissen, aber das ändert absolut gar nichts) – ich kann es nicht verhindern und nicht kontrollieren. Ich kann es unterdrücken und meinen Ausweichimpulsen folgen, das heißt, schnell meine E-Mails abrufen und beantworten (also überschaubare, kontrollierbare Aufgaben abarbeiten), essen, Kaffee trinken, telefonieren, etwas organisieren, aufwendig kochen, einkaufen gehen, oder aber ich bleibe hier sitzen und mache weiter, obwohl ich mich dabei schlecht fühle. Ich lasse mich selbst sein, wie ich gerade bin, ohne mich durch Ausweichreaktionen zu kontrollieren. Das meint, ich kapituliere. Ich lasse die Ausweichmanöver sein und bleibe stehen, auch wenn es sich nicht gut anfühlt. Ich grabe nicht in meiner Kindheit, ich programmiere mich nicht um, ich versuche nicht, positiv zu denken (alles zu seiner Zeit, Recherche und Therapie sind sehr wichtig, aber nicht, wenn ich mich damit vom Fühlen ablenke), sondern ich lasse mich selbst einfach damit sein, wie ich bin, und ich atme weiter. Ich habe keine andere Wahl, denn alle Versuche, diese innere Spannung loszuwerden, scheitern. Ich kann mich ablenken. Aber sie kommen wieder. Ich heile nicht, sondern schaue weg und kontrolliere mich.

Was ist eigentlich der Unterschied zwischen echter, gesunder Selbstverbesserung und der Sucht danach, makellos zu sein? Denn besser werden zu wollen oder anzuerkennen, dass wir in bestimmten Lebensbereichen (noch) nicht gut genug sind, ist ja vollkommen angemessen und gesund. Es ist wichtig, oft genug sogar lebenswichtig, dass wir in der Lage sind, uns realistisch einzuschätzen und ein einigermaßen stimmiges Bild von uns zu haben – und so muss ich einfach zugeben, dass ich nicht gut genug bin, zum Beispiel einen Hochseiltrapezakt zu meistern. Ich kann auch nicht gut reiten, Schlittschuh laufen oder komplizierte Gerichte kochen. Das macht aber nichts. Würde ich das unbedingt können wollen, dann würde ich es lernen und sehen, wie weit ich komme.

Bist du gesund und emotional nüchtern, bleibt deine Energie hoch, du atmest tief und entspannt, du bleibst gelassen und bist im Reinen mit dir, auch wenn du erkennst, dass du etwas nicht kannst oder du nicht so geübt oder talentiert darin bist, wie du es gern wärst. Du übst es, wenn du es lernen willst, und erkennst auch deine Grenzen an. Du verzweifelst nicht an dir selbst, sondern bleibst dir selbst gegenüber friedlich und freundlich.

Du handelst aus Liebe zum Leben, aus Freude, weil du Lust dazu hast, etwas so liebevoll, achtsam und sorgfältig wie möglich zu tun.

Im Perfektionismus dagegen handelst du aus Angst davor, beschämt und bestraft zu werden.

Bist du süchtig nach Perfektion, dann sinkt deine Energie dramatisch, wenn du etwas für dich Wichtiges nicht gut genug zu können glaubst, und deine Gefühle werden scharfkantig, verletzend und je nach Temperament glühend rot, aschgrau oder tiefschwarz.

Du kannst dir das ganz leicht erklären: Als du ein Kind warst, hast du aus reiner Lust am Entdecken, am Lernen, aus Freude am Leben gehandelt. Du hast etwas ausprobiert, etwas gewagt – der Schalter im Hirn war auf Freude, Abenteuer und schöpferische Kraft geschaltet. Und auf einmal, einfach so, zack, kam die Strafe, der Schock – entweder weil dir etwas kaputtgegangen ist, weil du etwas anders gemacht hast, als du es hättest tun sollen oder weil du dich selbst wirklich in eine gefährliche Situation gebracht hast.

Wollen wir gar nicht mal böse Absicht oder Unachtsamkeit, sondern Liebe und Fürsorge unterstellen – und dennoch kann es ganz leicht passieren, dass aus deinem »Ich will es schaffen, ich will das, einfach, weil es mir Spaß macht, auch können« ein Trauma wird, ein Gefühl, dass du nicht gut genug warst. Du hast etwas falsch gemacht, du erntest Strafe und ein Donnerwetter statt Freude und Lebenslust. Das geht ganz schnell.

Wenn du dann nicht aufgefangen wirst, wenn du deine Enttäuschung, deinen Schmerz, dein Unverständnis nicht zeigen darfst und nicht damit gehalten und getröstet wirst, damit dein Gehirn es als einmalige Sache erkennt, die wieder heilen darf – damit deine Amygdala wieder umschaltet von Schock und Schmerzvermeidung auf Offenheit und gesunde Neugier, Forschungsdrang, Lust am Leben und am Lernen –, dann ist der Grundstein deiner Sucht danach, perfekt zu sein, keine Fehler zu machen, gelegt. Du willst einfach nicht wieder bestraft und beschämt oder geschockt werden, und das ist ein völlig legitimer Anspruch. Du erstarrst, spaltest dich vom Schmerz ab und bekommst die Information »Nicht gut genug«.

Gleichzeitig versuchst du, etwas zu lernen, weil du ein lebendes, atmendes Wesen bist, das sich selbst schützt. Was aber lernst du? »Streng dich noch mehr an, und sei wachsam, das Leben ist willkürlich und basiert auf Chaos.« Weil du nicht reagieren konntest, dich nicht wehren, schützen, erklären konntest (du warst zu klein, zu schockiert, traumatisiert, du wurdest nicht gehört ...), haben deine psychischen Selbstheilungskräfte keine Möglichkeit, dich zurück in dein Gleichgewicht zu bringen. Du bleibst in emotionaler Schieflage. Von hier aus machst du weiter, deine Amygdala konstruiert nun ein Geflecht aus Schmerzvermeidungsstrategien. Das ist ihre Aufgabe, und sie meistert sie mit Bravour. Der Verstand versucht, das Ganze mit einer logischen Erklärung zu untermauern, und auf einmal scheint es eine gute Idee zu sein, makellos zu werden. Doch das Werkzeug »Perfektionismus« funktioniert nicht, denn es nimmt die Scham und die Strafe gleich vorweg. Von Lebensfreude keine Spur.

Ich erlebe es so: Ich schreibe, und alles läuft glatt, doch durch irgendeinen mir nicht bekannten Impuls wird in meinem Gehirn eine Art Suchtschleife aktiviert. Den Auslöser erkenne ich meistens nicht, aber auf einmal bemerke ich, wie vorher schon geschildert, einen drastischen Energieabfall. Ich werde grau, und gleichzeitig bohrt sich etwas Scharfes in mein Herz. Immerhin lösche ich nicht die ganze Datei oder werfe meinen Laptop an die Wand. Meine Ausweichmanöver sehen oft ganz gesund aus, ich mache meistens was Sinnvolles, und man könnte meinen, ich sorgte gut für mich – etwas, was mir das Gefühl von Kontrolle wiedergibt. Aber ich weiß, es ist ein Ausweichmanöver, und ich halte mich gerade selbst vom Fühlen ab – nämlich davon, schmerzlich zu spüren, dass ich mich vom kreativen Energiefluss meiner Arbeit entfernt habe. Wenn ich liebevoll mit mir rede, beruhige ich mich zwar wieder, aber es dauert eine Weile, bis ich mich erneut energievoll und tatkräftig fühle.

Es gibt eine Art Energieloch in mir, etwas, was glaubt, mich immer wieder daran erinnern zu müssen, wie gefährlich und unvorhersehbar das Leben auf der Erde ist und dass ich mich deshalb maßlos anstrengen sollte, um alles, besonders mich selbst, im Griff zu behalten. Ich bin wie süchtig nach diesen Stresshormonen, ich kann offensichtlich nicht genug davon bekommen. Mein Gehirn lässt mich nicht in Ruhe. Ich kann in tiefe Depressionen fallen, wenn die Waage zwei Kilo mehr anzeigt, ich habe das Gefühl, ich verliere die Kontrolle, alles bricht auseinander, und ich sitze bald fett, arm und selbstmitleidig, abgeschnitten vom Leben und von Gott, einsam in einer kalten, schmuddeligen Wohnung.

Alles schon passiert. Nicht mir, zumindest nicht in diesem Leben, aber wir sind alle vernetzt. Wenn es diese Erfahrung auf diesem Planeten gibt, und da bin ich leider sehr sicher, dann weiß mein Unterbewusstsein das und will mich davor bewahren.

Es kommt mir vor, als sei ich in einer vergangenen Inkarnation strengstens bestraft worden, wenn ich bei der kleinsten Nachlässigkeit ertappt wurde – in einer Rückführung habe ich das tatsächlich so erlebt. Ich weiß aber auch, was ich damals lernen wollte: Mitgefühl. Ob du an vergangene Leben glaubst oder nicht – wir alle haben echte, gelebte Erfahrung damit, ungerechtfertigt für etwas bestraft, beschuldigt oder gar vernichtet zu werden, entweder durch eigene Erlebnisse oder durch Erfahrungen des Kollektivs.

Es gab Zeiten, in denen die Religionszugehörigkeit genügte, um zum Tode verurteilt zu werden, und sie sind nicht lange her, wenn sie denn überhaupt vorbei sind. Wir haben uns gegenseitig so sehr missbraucht, bestraft, wir erleben uns als Menschheit dermaßen grausam und willkürlich, dass es gar kein Wunder ist, dass wir angstvoll voreinander zittern. Und wir haben Angst vor strafenden Göttern. Egal wie nüchtern und aufgeklärt wir sind, wir stehen in energetischem Kontakt mit unseren Vorfahren (diese Erfahrungen sind im Stammhirn gespeichert) – und die glaubten, wenn sie Fehler machten, würden sie durch die Götter in Form von Umweltkatastrophen bestraft. Und kennen wir das und anderes nicht immer noch, haben wir nicht einfach nur neue Werkzeuge gefunden? Wenn du deine Feng-Shui-Regeln nicht befolgst, dann brauchst du dich nicht zu wundern, wenn du allein und unglücklich bist? Wenn du krank sein willst, wenn du Krankheit statt Quantenheilung wählst, dann kriegst du eben Krebs? Gehts noch? Wirklich, haben wir sie noch alle? Wie arrogant kann man sein? Und wo ist hier das Mitgefühl?

Wir haben eine solche Angst davor, das Leben eben nicht kontrollieren zu können, dass wir uns auf ein wirklich hohes Ross setzen mit unserer Idee, wenn wir nur die richtigen Gedanken hätten, würde schon nichts passieren. Vorsicht, Leute. Hochmut ist eine Todsünde. Das meine ich ernst, und es ist mir egal, wie das klingt. Das soll keine Angst machen, sondern aufwecken. Wir dürfen uns an jedem Tag, an dem es uns gut geht, in

Dankbarkeit verneigen und Mitgefühl für diejenigen aufbringen, denen das Schicksal andere Karten gegeben hat. Auf höherer Ebene wählen wir, sicher. Mitgefühl zu haben ist gerade deshalb eine sehr gute Idee. Weise Hawaiianer bitten sich selbst um Vergebung für das, was sie sich zumuten, und werfen es sich nicht gegenseitig vor. Das nennt man Ho'oponopono, und damit legst du den inneren Schalter um.

Ich erlebe immer wieder, dass wir uns genauso kontrollierend und maßregelnd verhalten, wie wir das von vielen Religionen und von Sekten kennen. Du hast eine Darmverstimmung? »Wovor hast du denn Angst?«, wird dich sicher eine schmeichelnde, scheinbar mitfühlende Stimme fragen, wenn du das in bestimmten spirituellen Kreisen äußerst. Und dann bekommst du eine Bachblüte, ob du willst oder nicht. Die Person, zu der diese Stimme gehört, meint es gut. Aber letztlich kontrolliert sie, unterstellt, dass der Kranke nicht weiß, was er braucht, und ist zutiefst übergriffig. Denn selbst wenn es stimmte, geht es sie einfach nichts an, wenn der Betroffene nicht um Rat fragt. Ja, wir sind geschult, wir sind intuitiv, und oft spüren wir tatsächlich zumindest zum Teil, was mit dem anderen los ist. Dürfen wir nicht lernen, gerade deshalb ganz besonders taktvoll zu werden? Vielleicht nimmt sich der Körper einfach eine Auszeit, um einiges zu verdauen und auszuscheiden – zum Beispiel Übergriffigkeit! Wie wäre es mit der Frage: »Brauchst du etwas, was ich dir geben kann?«, statt mit einer ziemlich willkürlichen Diagnose?

Lassen wir uns doch bitte gegenseitig wieder in Ruhe einfach
mal eine Darmverstimmung haben, verdammt noch mal, und
ja, ich BIN wütend. Wir machen es nicht besser. Wir säuseln
uns gegenseitig Unverschämtheiten ins Ohr, und weil wir alle so
achtsam sind, glauben wir uns und entfernen uns von dem, was
wir tatsächlich spüren und was für uns selbst stimmig ist. Wenn
wir uns gegenseitig maßregeln, dann stellen wir uns über den
anderen, und das tun wir letztlich, um zu kontrollieren. Manche
nennen es vielleicht »lehren«. Was aber, wenn der andere gar
nicht gelehrt werden will?

Wir müssen uns abgrenzen, und schon das ist manchmal eine
Zumutung. »Das hast du selbst so gewählt« oder »Der andere ist nur dein Spiegel« sind unsere Killersätze, mit denen wir
uns den Schmerz des anderen vom Leib halten, statt ehrlich
zu sagen, dass wir keine Lust haben, uns damit ernsthaft zu
beschäftigen – was uns durchaus zusteht! Und ja, diese Sätze
stimmen. Aber nicht immer und nicht in jeder Situation und
nicht auf jeder Ebene. Denn sonst hätte auch ein Baby gewählt,
vergewaltigt zu werden. Wenn wir das ernsthaft auf jeder Ebene glauben, dann haben wir als Menschen nichts kapiert, sondern verhalten uns wie eine übergeordnete, eiskalte Gottheit,
die ohne Mitgefühl menschliche Erfahrungen verteilt.

Wir sind hier, um Mitgefühl zu lernen. Um ein Mensch zu sein.
Ein lebendiges, atmendes, nicht perfektes, aber lernendes und

fühlendes Wesen. Verhalten wir uns also auch so, denn unser reifendes Gehirn ist darauf ausgelegt, Mitgefühl zu schenken und gemeinsam Lösungen zu finden, nicht darauf, uns selbst und den anderen zu sezieren und emotionale Inquisition zu betreiben.

Weißt du, wie sich das für mich als Bild darstellt? Wie ein gutes, altes Tretminenfeld. Du weißt nie, wenn du etwas sagst, ob der andere nicht an deiner Sprache, an deinem Ausdruck, an deiner Atmung oder an deiner seelischen Präsenz im Körper herummäkelt. Wir haben rosa Blümchen auf diesem Feld gepflanzt, damit es nicht so auffällt, aber gerade dadurch treten wir besonders häufig auf die Minen.

Wir haben sowieso keine Chance, alles richtig zu machen, denn das, was der eine gutheißt, ist für einen anderen bereits nicht gut genug – du kannst einfach nicht so gut sein, dass dich jeder, wirklich jeder, für fehlerfrei hält. Und schon gar nicht kannst du so gut sein, dass du nie krank wirst, nie verlassen wirst, dass dich das Leben in Ruhe lässt. Wir sind den Umgang mit Willkür und Bedrohung gewöhnt, sie gehören dazu, wir sind äußerst anpassungsfähig (eine der wesentlichsten Eigenschaften, um als erfolgreiche Spezies auf diesem Planeten zu bestehen), und wir können auf das, was das Leben uns anbietet, reagieren. Wir sind nur ein bisschen einseitig geworden.

Dein Perfektionismus ist einfach eine Reaktion deines Gehirns, das dich schützen will; es macht dich drastisch und dramatisch darauf aufmerksam, dass du in Gefahr bist, wenn du dich nicht anstrengst. Gleichzeitig gaukelt es dir Lebendigkeit vor, denn Stresshormone machen dich wach und putschen dich auf. Das ist ihre Aufgabe, damit du in Gefahr handlungsfähig bleibst. Diese Reaktion ist aber nur für eine sehr kurze Zeitspanne sinnvoll, sie eignet sich nicht als Dauerzustand. Nach dieser Zeitspanne brauchst du eine Ruhephase, in der sich deine Hormonproduktion ausgleicht und dich in deinen gesunden, energiesparenden Normalzustand versetzt.

Es gibt sehr viele Möglichkeiten, warum dein Gehirn glaubt, du wärst permanent in Gefahr, aber sei sicher: Es hat durch Erfahrung gelernt. Ein Schamane würde sagen, dir fehlen womöglich Seelenanteile, sie sind dir durch Schocks und Traumata abhandengekommen, gar geraubt worden, und du bist nicht vollständig.

Du trägst schwere Lasten der Ahnen, würde einer sagen, der Familienaufstellungen macht. Ein Traumatherapeut würde erwidern, dass sich eine hormonell bedingte Stressschleife in deinem Gehirn gebildet hat. Ein Medium würde dir sagen, du bist auf der Erde, damit deine Seele die Erfahrung von Mitgefühl erlernt. Dein inneres Kind ist schockiert und traumatisiert und braucht Schutz und einen sicheren Raum – ein Verhaltenstherapeut würde mit dir üben, bewusst Fehler zu machen und die Folgen auszuhalten.

Und weißt du was? Das stimmt alles. Wir sind nun mal multidimensional, wir sind geistige und menschliche Wesen zugleich, und jede Ebene hat ihre eigene Wahrheit und braucht eigene Werkzeuge, um heil, um vollständig zu werden.

Durch viele Bestrafungen, Katastrophen, die uns völlig willkürlich begegnen, durch diese völlige Unvorhersehbarkeit des Lebens und der Naturkräfte erlernen wir entweder gelassenes Selbstvertrauen in dem Wissen, dass wir entsprechend reagieren und handeln, wenn Not am Mann ist (und dass auch der Tod zum Leben gehört), oder wir erstarren in Angst und versuchen, die Kontrolle zu behalten. Perfekt sein zu wollen, sich niemals gut genug zu fühlen, ist ein leider sehr unflexibles Werkzeug deines Gehirns, mit dem es dich vor ungerechtfertigten Angriffen bis hin zur Vernichtung schützen will. Deshalb genügt es nicht, dass du dir sagst, dass du es so gut machst, wie du nur kannst, denn das berührt dein wahres Problem nicht im Geringsten.

Wenn dein Gehirn dem Irrtum unterliegt, makellos zu sein oder Makellosigkeit anzustreben wäre die Antwort auf alle Unwägbarkeiten, dann sitzt dieses Programm tief, hat sich eingebrannt und ist erstarrt. Es läuft durch, immer wieder, langweilig, vorhersehbar, beinah unveränderlich. Beinah.

Wärst du allein auf der Welt, wärst du dir selbst mit Sicherheit gut genug.

Schwierig wird es erst dann, wenn wir die Bewertung und Beurteilung durch andere fürchten (oft zu Recht!). Weil wir dieser Bewertung nicht entkommen können, haben wir sie verinnerlicht, nehmen sie vorweg. Wären wir an dieser Stelle gesund, also nicht traumatisiert, sondern im Vollbesitz unserer inneren Freiheit, dann könnten wir unterscheiden, welche Kritik angemessen ist und wo wir uns energisch abgrenzen dürfen. Wir grenzen uns aber nicht ab, sondern nehmen jedes Urteil nahezu ungefiltert in uns auf. Und selbst die absurdesten Kommentare (»albern« – was ist das für eine Kritik, was soll ich denn damit anfangen?) versuchen wir noch zu verdauen, statt sie einfach liegen zu lassen und unberührt zu bleiben.

Woher das kommt, spielt keine so große Rolle, wie du vielleicht meinst. Denn es hat sich langsam, über viele, viele Erfahrungen eingebrannt, vielleicht gibt es »den« Auslöser gar nicht. Den Ursachen kommen wir auf dem Weg der Befreiung sowieso auf die Spur, spätestens dann, wenn wir beginnen, uns selbst besser zu spüren.

Wie ein Hund auf einem Knochen kauen wir auf den Kränkungen herum und versuchen, sie zu schlucken – obwohl wir es besser wissen. Das nutzt uns gar nichts, die Reaktion entzieht sich unserem bewussten Verstand. Wir können sie für kurze Zeit unterbinden, wenn wir sehr aufmerksam sind, aber nach ein paar Minuten ertappen wir uns – du kannst den Knochen

so tief vergraben, wie du willst, du wirst ihn, wenn du nur eine
Minute lang nicht achtsam bist, wieder ausbuddeln und weiter auf ihm herumkauen. Es braucht eine stärkere, weisere und
über deiner Suchtreaktion stehende Kraft, die ihn dir wegnimmt.
Eine Kraft, die entscheidet, ob sie ihn dir überhaupt gibt, ob
er gesund für dich ist. Irgendwie ist dir diese Kraft abhandengekommen. Und doch ist sie ganz nah, sie entscheidet in jeder
Sekunde, was dir zuträglich ist und was nicht, und sie reagiert
entsprechend – deine ganz natürliche Selbstheilung, die mit der
Erde in Verbindung steht!

Das Wort »Kritik« bezeichnet eigentlich schlicht eine fachge-
rechte Beurteilung anhand von Maßstäben. Da geht es nicht
um Häme, schadenfrohe Bewertung, eine irgendwie geartete
Meinung oder kleinkarierte Fehlersuche! Mit echter Kritik können wir meistens umgehen, weil wir ganz nüchtern erkennen,
dass sie gerechtfertigt ist und dass wir uns verbessern können.

Ich wünsche mir wirklich, dass du durch diese Zeilen hindurch
spürst, wie wütend ich bin. Nimm dir meine Wut. Lass mich
stellvertretend für dich wütend sein, ich bin auf deiner Seite. Ich
stelle sie dir zur Verfügung, wenn du dich mal wieder als Opfer,
schwach und ausgeliefert fühlst. Denn genau diese Wut ist es,
die unsere gesunden »Jetzt ist Schluss«-Abwehrmechanismen
aktiviert, und die brauchen wir als Perfektionisten sehr dringend.
Licht und Liebe nutzen dir nichts, das ist nur wieder eine Blau-

pause, eine Idee, die dich kontrolliert und dir ein Ideal vorgau-
kelt, das du zu erfüllen hast. Alles zu seiner Zeit. Und manchmal
kommt das Licht eben wie ein Stahl durchtrennender Laserstrahl
daher – zum Glück!

Willst du einen Menschen möglichst rasch in den Wahnsinn treiben, so nimm ihm das Gefühl, sein Schicksal zumindest zum
Teil selbst bestimmen zu können. Eine äußerst effektive Folter-
methode ist diese:

Drohe jemandem Strafe an, wenn er etwas Bestimmtes nicht
auf genau die Weise tut, die du erwartest – und lass es nie gut
genug sein. Wenn er sein Bestes gibt, dann gib ihm irgendwann
das Gefühl, du bist zufrieden – und dann bestrafe ihn dennoch.
Willkürlich, ohne Muster, einfach so, wie es dir gerade in den
Sinn kommt. Nimm dem anderen jede Möglichkeit, Einfluss auf
dein Verhalten ihm gegenüber zu nehmen, mach dich völlig unvorhersehbar.

Er wird sich die merkwürdigsten Muster ausdenken, um einen
Sinn zu erkennen, sein Verstand wird seltsamste Verknüpfungen und Kausalketten annehmen und erschaffen, um sich doch
noch irgendwie eine Art von Selbstbestimmung zu erhalten,
denn das ist die Aufgabe des Verstandes. Er sucht noch in den
verrücktesten Ereignissen logische Zusammenhänge, um dir
eine Handlungsgrundlage zu verschaffen, versucht zu verste-

hen, auch wenn es nichts mehr zu verstehen gibt, sondern nur noch anzuerkennen, dass du ausgeliefert bist.

Kinder tun das auch, sie denken sich die verrücktesten Dinge aus, verknüpfen die Ereignisse auf ihre Weise, um zurechtzu-kommen – du kennst das. »Ich war nicht brav genug, also hat Papi die Familie verlassen. Ich bin selbst schuld, wenn ich ge-schlagen werde, ich hätte mich ja mehr anstrengen können.« Und so weiter. Wir versuchen, die Verantwortung und Schuld in uns selbst zu finden, damit wir einen Schlüssel haben, damit un-sere Selbstbestimmung erhalten bleibt, damit wir nicht einfach nur hilflose Opfer sind. Manchmal aber sind wir das, und hier liegt unser Schlüssel zur Heilung – denn hier brauchen wir nicht Kontrolle, sondern MITGEFÜHL. Mitgefühl finden wir im Neo-cortex, im neueren Gehirnteil, der vorn liegt und nicht aktiviert wird, wenn wir in Angst erstarrt sind.

Wir können nicht perfektionistisch, also unerbittlich selbstkri-tisch, und zugleich mitfühlend mit uns selbst sein. Um Mitge-fühl zu erleben, müssen wir innerlich umschalten. Das Gute ist, dass sich das Gehirn immer wieder selbst neu organisiert, du lernst durch Gewohnheiten, besonders durch emotionale Gewohnheiten.

Unsere Sucht danach, perfekt zu sein, ist der Versuch unseres Gehirns, uns Kontrolle über unser Leben, über das, was geschieht, zu ermöglichen, uns Selbstbestimmung und Freiheit zu gewähren. Wir sind äußerst anpassungsfähig. Wenn es regnet, bauen wir eine Hütte. Wenn es kalt ist, finden wir heraus, wie man Feuer macht. Wenn wir hungrig sind, erlernen wir Jagdmethoden. Wir bestimmen die Folgen dessen, was uns geschieht, so weit das möglich ist, das ist unsere Natur. Wir meistern unser Leben. Diese Sucht danach, perfekt zu sein, ist eine Reaktion auf das Trauma, das wir alle erlebt haben, entweder persönlich oder im Kollektiv.

Wir brauchen Mitgefühl und Vertrauen, um loszulassen, wir schaffen es nicht aus eigener Kraft. Nicht mit diesen Erfahrungen, denn wir sind traumatisiert, zu tief hat sich die Angst in all unseren Lebensbereichen manifestiert, oft so selbstverständlich, dass wir gar nicht mehr spüren, dass wir aus Angst handeln statt aus Freude. Selbst wenn wir Lösungen suchen, suchen wir sie nicht aus der freudigen Kooperation, aus einem sicheren und stabilen inneren Stand heraus, sondern sie dienen der Vermeidung von Schmerz. Du nutzt zwar deinen Neocortex, um Lösungen zu finden, aber auf der Grundlage der Angst, nicht der echten, freien Kreativität. Damit verdrehst du dein Denken und deine echte, lösungsorientierte intuitive Intelligenz immer weiter. Es lässt sich nicht vermeiden, weil die Wurzeln zu tief sitzen.

Deshalb heißt der erste Schritt:

Wir erkennen an, dass wir unserer Sucht nach Perfektion machtlos gegenüberstehen.

Sie ist einfach schneller als unser Bewusstsein. Bis wir erkennen, dass unsere Energie sinkt, ist sie schon im Keller. Und dann sind wir bereits handlungsunfähig, können nur die alte Verhaltensschleife durchlaufen lassen. Oder hast du die Freiheit und die Wahl, einmal weniger gut zu sein, als du es von dir erwartest? Hast du eine echte Wahl, in lustvoller Freiheit die Kontrolle über dich selbst aufzugeben und dich einfach entspannt hinzugeben, wobei auch immer?

Warum nenne ich eine (möglicherweise) posttraumatische Belastungsreaktion eine Sucht? Einfach deshalb, weil sich das süchtig anfühlt. Dieses Buch ist keine medizinische Abhandlung, deshalb erlaube ich mir das – es fühlt sich an wie eine Sucht, und wir können deshalb die Werkzeuge anwenden, die auch Suchtkranke nutzen. Der Vorteil ist, dass es diese Werkzeuge schon gibt und sie erprobt sind, geschärft und immer wieder überprüft werden, jeden Tag, in unzähligen Kliniken und Meetings.

Hier kommt eine, wie ich finde, so einfache wie geniale Übung, die der Gehirnforscher Dr. T. D. A. Lingo beschrieben hat[2]:

 ## Den Schalter umlegen – Das Amygdala-Klicken

Stell dir bitte vor, deine beiden Mandelkerne liegen wie zwei große Kippschalter in deinem Gehirn. Sie befinden sich jeweils ungefähr zweieinhalb Zentimeter von deinen Schläfen entfernt im Kopfinneren. Kippst du sie nach hinten, dann schalten sie das Reptiliengehirn ein, kippst du sie nach vorn, dann leuchtet dein präfrontaler Cortex, dein Verstand und der Sitz deiner Fähigkeit zur Kooperation, auf. Im Verstand findest du Lösungen, im Stammhirn flüchtest du, so einfach ist das. (So einfach ist es natürlich nicht, das weiß ich, aber für uns genügt das, wir wollen ja keine Hirnforschung betreiben, sondern entspannt unser Leben genießen ☺.)

Schließ die Augen, und probiere das aus, ein paarmal hintereinander, völlig wertfrei.

---

2 http://www.neilslade.com/Papers/crazyg.html und http://www.enveda.de/magazin/gesunde-lebensgestaltung/gehirn-einschalten-hier-ist-der-schalter.html (04.09.2012)

Erkennst du, wie unterschiedlich du dich selbst wahrnimmst und fühlst? Wie viel Energie zu fließen beginnt, wenn du die Schalter nach vorn kippst, wie deine Stirn- und deine Kopfchakren (Stirn- und Scheitelchakra, wenn du dich damit beschäftigst, sonst vergiss es einfach) aufleuchten?

Von nun an überprüfe, wenn du innerlich eng wirst, dich angespannt und zwanghaft fühlst, ob du die Kippschalter auf »präfrontaler Cortex« stellen kannst. Es kann durchaus sein, so erlebe ich es manchmal, dass die beiden Schalter unterschiedlich stehen, denn die Gehirnhälften haben unterschiedliche Aufgaben und reagieren verschieden. So schau dir bitte immer beide Seiten an, und kippe beide nach vorn. Keine Sorge, dein Stammhirn funktioniert immer noch. Aber eben nicht mehr ausschließlich.

Die Schalter nach vorn zu kippen kann dich tatsächlich retten, denn nun bist du wieder dazu in der Lage, lösungsorientiert zu denken und zu handeln. Es kann gut sein, dass du das x-mal am Tag tun musst, vielleicht springt einer der Schalter immer wieder gleich nach hinten, vielleicht tun es auch beide. Je öfter du das übst und die weiteren Schritte gehst, desto freier werden deine Reaktionen.

Wenn du etwas zum Anfassen brauchst, dann kauf dir im Baumarkt einen Kippschalter, und klicke ihn bewusst um, wenn du mal wieder spürst, dass du aus der Angst und Kontrolle heraus reagierst. (Du erinnerst dich: Atmung flach, angespannte Gesichtszüge, zwanghaftes Denken, keine Lösungen in Sicht!)

Hier noch für Forschungsreisende: Wenn du wissen bzw. selbst erleben willst, welche Gehirnseite was bewirkt, dann konzentriere dich auf eine Gehirnhälfte, leg den Schalter der Amygdala dieser Seite bewusst nach hinten, dann bewusst nach vorn. Spür in dich hinein, und achte auf die feinen oder auch sehr deutlichen Unterschiede. Du bekommst andere Handlungsimpulse, andere Gedanken, andere Gefühle. Und dann probiere das Gleiche mit der anderen Seite aus. Du wirst sicherlich merken, dass sich die unterschiedliche Schalterstellung hier anders zeigt. Es kann sein, dass sich eine der beiden Hälften sehr leicht umschalten lässt, die andere gar nicht oder nur sehr schwer – dann bitte in der Meditation des nächsten Schrittes darum, dass der ganze Schalter ausgetauscht wird. Es ist womöglich gar nicht dein eigener, sondern die Weltsicht deiner Mutter oder deines Vaters, die sich in der Amygdala spiegelt.

Der zweite Schritt

Wir kommen in das Vertrauen, dass es höhere, spirituelle Kräfte gibt, die uns in eine neue schöpferische Freiheit führen können.

Wenn du perfektionistisch bist, dann fehlt dir etwas. Nämlich das Vertrauen in dich selbst, das Leben auf der Erde, so, wie es dir begegnet, meistern zu können. Und wahrscheinlich fehlt dir nicht nur das Vertrauen, sondern auch tatsächlich die Energie oder die Fähigkeit, mit der du das könntest. Weißt du, welche Kraft das ist? Ganz einfach: Es ist die Kraft, die uns als Menschen zu einer der erfolgreichsten Spezies dieses Planeten macht: unsere schier unerschöpfliche Anpassungsfähigkeit.

Diese Anpassungsfähigkeit nutzen zu können setzt voraus, dass du selbstbestimmt bist und in jeder Situation nach deinem Gefühl, nach deinen Impulsen handeln kannst und darfst. Irgendwo auf der Strecke hast du sie verloren, diese Kraft, mit der du jede wie auch immer geartete irdische Situation meistern kannst. Das kann ein Seelenanteil sein, eine emotionale Kraft, eine bestimmte Art zu denken, dich zu verhalten oder schlicht deine Erdung. Auf welchem Weg auch immer dir persönlich deine Energie abhandengekommen sein mag – in diesem Schritt erkennen wir zunächst an, dass es eine hilfreiche und alles verändernde Kraft gibt, die uns, wenn sie bei uns wäre, tatsächlich aus der Sucht nach Perfektion hinausführen könnte. Warum könnte sie das? Weil wir dann unser Leben meistern könnten, keine unangemessene Angst mehr hätten, sondern uns darauf verlassen würden, dass wir das, was uns begegnet, im Normalfall auf für uns stimmige und gesunde Weise handhaben können. (Einiges können wir dennoch nicht meistern, wir können ein Trauma nicht vermeiden, wenn uns das Haus abbrennt, ein Flugzeug über uns abstürzt oder ein Tsunami welcher Art auch immer uns überrollt – heben wir uns unsere Schockreaktionen für echte Katastrophen auf.) Wir könnten uns üblicherweise auf uns selbst verlassen, weil wir die entsprechenden inneren Kräfte erprobt und die Erfahrung gemacht hätten, dass sie uns tragen.

Doch sehr oft haben wir erlebt, dass wir scheitern, dass wir mit unserer Art, die Dinge zu handhaben, nicht weiterkommen. Besonders dann, wenn wir als Kinder verletzt, verlassen und beschämt wurden und die Welt nicht mehr verstanden, weil die Menschen um uns herum so merkwürdig und unberechenbar reagierten. Unsere Grenzen wurden nicht respektiert, das, was wir wirklich brauchten, wurde nicht als solches erkannt, und meistens mussten wir funktionieren oder wurden entmachtet. Wir waren Opfer, konnten mit den uns zur Verfügung stehenden Mitteln nichts ausrichten. Wir erlebten, dass unser Leben vollkommen fremdbestimmt war, und das oft nicht zu unserem Besten ...

Also suchten wir Strategien, um unsere natürliche Selbstbestimmung wiederzuerlangen – scheiterten natürlich und erschufen
uns eine innere Welt, ein Konstrukt, um das, was uns geschah,
zu erklären und ihm einen Sinn zu verleihen. Es ist sinnvoll, sich
mit der Heilung des inneren Kindes zu beschäftigen, doch hier
in diesem Buch werden wir uns die Folgen solcher Erfahrungen
anschauen, Folgen, die wir als Erwachsene zu tragen haben und
die einen eigenen Weg der Genesung brauchen.

Wenn ich mir die verschiedenen Energieebenen des Perfektionismus aufstelle und in sie hineinspüre, dann erlebe ich den
emotionalen Anteil als in sich versunken, zutiefst traurig, mutlos und innerlich kalt und erstarrt. Ich spüre weder Motivation
noch Lebensmut, mein Körper fühlt sich schwach an, und mein
inneres Kind sitzt in einer Ecke, rührt sich nicht aus Angst vor Bestrafung. Ich erreiche es nicht, ich bin emotional gar nicht wirklich anwesend. Auf mentaler Ebene dagegen bin ich wachsam,
auf meine Umgebung konzentriert und sehr kontrollierend, ich
regele mein Leben aus dem Kopf, aus meinen Vorstellungen
heraus. Ich denke viel und halte meinen Nacken steif. Meinen
Körper spüre ich nicht, mir fehlt die Erdung, das Vertrauen in
Mutter Erde und damit in mich selbst als Mensch, als Wesen,
das mit dem Leben auf der Erde sehr gut zurechtkommt. Meine
unteren Chakren sind geschlossen und kalt, mir fehlt die Erlaubnis, wild und frei zu tanzen und einfach ich selbst zu sein.
Und mir fehlt die Fähigkeit, aus meinem Innersten heraus zu

handeln, das zu tun, was sich für mich stimmig, richtig und gut anfühlt.

Das heißt nicht, dass ich mich bewusst so erlebe! Aber die Sucht danach, makellos zu sein, fühlt sich für mich genau so an. Natürlich habe ich auch viele andere Bewusstseinszustände, doch um die geht es hier ja nicht. Diese erstarrte Ebene schwingt immer mit, und es kostet sehr viel Kraft, sie wieder und wieder zu überwinden, wenn sie sich, einfach so, aus heiterem Himmel heraus zeigt.

Warum sage ich, du brauchst »spirituelle Kräfte«? »Spirit« heißt »Geist«, doch wenn ich »geistige Kräfte« schreibe, dann glaubst du vielleicht, ich meine deinen Verstand und dein Denken. Spirituelle Kräfte aber sind weit mehr als das. Du brauchst nicht an Engel oder an Geistführer zu glauben. Aber du darfst sehr wohl daran glauben, dass du über eine innere Weisheit verfügst. Du kennst sie sogar schon: deine unglaublich schöpferischen Selbstheilungskräfte. Das Leben selbst findet immer wieder einen Weg, ist beinah unendlich anpassungsfähig und erschafft immer wieder neue Formen, je nachdem, welche Bedingungen herrschen.

Du kannst dich darauf verlassen, dass sich das Leben zumindest in diesem Zeitalter auf der Erde ausbreitet, wenn die Bedingungen auch nur einigermaßen passend sind. Das Leben erfindet immer wieder eine Form, die mit den herrschenden Gegebenheiten gut zurechtkommt. Diese unermessliche Intelligenz besitzt auch du, oder wollen wir lieber sagen: Du bist ein Teil, ein Ausdruck von ihr. Du bist auf der Erde, du bist ein biologisches und ein geistiges Wesen, und du bist, weil du auf der Erde lebst, ein Teil der Natur, des Lebens auf der Erde. Wenn du dich umschaust, dann erkennst du, dass das Leben nahezu unbezwingbar ist. Es setzt sich immer wieder durch. Es wechselt die Form, aber die Lebenskraft selbst, die nicht an eine bestimmte Form gebundene Kraft zu wachsen, Fotosynthese zu betreiben, zu atmen, sich auszubreiten – diese Kraft ist größer als deine Angst und ganz bestimmt größer und stärker als deine Sucht nach Perfektion. Sie lässt sich nicht greifen, diese Kraft. Aber sie lässt sich spüren.

Die Polarität und das Zusammenspiel der männlichen und der weiblichen Energie (damit meine ich nicht Mann und Frau, auch nicht in der Tierwelt Männchen und Weibchen, sondern sowohl die Kräfte von Hingabe, Nähren und Empfangen als auch Tatkraft, Befruchtung und Im-Außen-wirksam-Sein) beim Erschaffen neuen Lebens funktioniert auf der Erde und lässt sich nicht nachhaltig stören. Das Leben probiert sich überall und unter allen Bedingungen aus! Wir haben wirklich eine Wunderkraft auf dieser Erde.

Du kennst das Gefühl, lebendig und voller Schwung und Energie zu sein – und du weißt, wie es ist, schwach und ausgebrannt,

energielos, zu sein. Damit weißt du bereits genug über Lebensenergie, egal ob du dich bewusst damit beschäftigst oder nicht.

Dieser zweite Schritt umwirbt dich, lädt dich ein. Es geht nur
darum, zu dem Glauben oder zu der Erkenntnis zu kommen,
dass es Kräfte gibt, die weitaus besser wissen, was du brauchst
und was gut für dich ist, als deine Angst und deine Sucht nach
Perfektion. Diese Kräfte stehen dir zur Verfügung, sie sind einfach da, es ist deine Entscheidung, ob du sie wirken lässt oder
eben nicht.

»Schön«, sagst du. »Aber wie komme ich an diese Kräfte heran, wenn ich mal davon ausgehe, dass es sie gibt?« Du kennst
sie wirklich schon. Du hattest sie bereits. Du wärst nicht auf
dieser Erde, die Samenzelle, aus der du entstanden bist, hätte
sich nicht gegen alle anderen durchgesetzt, wenn du diese Kraft
nicht hättest. Du hast alles, was du brauchst, das hast du bei
deiner Zeugung bewiesen. Dein wichtigster Kampf ist bereits
entschieden, und du hast ihn gewonnen. Du bist ein Erfolg des
Lebens, sonst wärst du nicht am Leben, ganz einfach. (Bitte vermeide den Umkehrschluss: Wenn etwas stirbt, dann ist das kein
Misserfolg! Es ist einfach ein anderer Lebensweg.)

Es ist sehr gut möglich, dass du mit diesem Schritt eine Reife-
prüfung erlebst, dass sich dein Glaube an dich selbst und dein
Vertrauen zu dir verändern dürfen, freier und selbstbestimmter

werden. Vielleicht erkennst du auch, dass du deine Wildheit, deinen Mut, einfach du selbst zu sein, die Erlaubnis, deinen ureigenen Weg zu gehen, niemals bekommen oder gelebt hast.

Denn du hast das Vertrauen in dich selbst, in die Schönheit und in die unermessliche Vielfalt des Lebens längst verloren, sonst wärst du gar nicht perfektionistisch geworden. Du erinnerst dich. Das ist dein Versuch, das, was dir geschieht, zu kontrollieren und dich vor Schmerz und Strafe oder Beschämung zu schützen. Was ist passiert? Und wie kannst du ganz neu zu einem Glauben, zu einem Vertrauen in das, was dich von innen zusammenhält, kommen? Wem kannst du vertrauen?

Zunächst einmal dir selbst und deiner Wahl, weiterzumachen. Genau hinzuschauen, loszulassen, dich selbst zu fühlen mit allem, was du eben fühlst, dem Leben, denen, die dich um Vergebung bitten, und auch dir selbst zu vergeben und um Hilfe zu bitten. Und dieses »Selbst« ist größer als dein »Ich«, denn das bist nicht du, wie du dich in deiner Angst vor Strafe erlebst, das sind höhere Anteile, die mit deiner Seele, mit dem Leben selbst, mit dieser unbändigen Schöpferkraft in innigem Austausch stehen. Dieses »Selbst« ist das, was du als Lichtkraft, als Bestimmung, als dein Innerstes erlebst.

Selbst wenn du dich nicht so gern mit spirituellen Themen beschäftigst, kennst du dieses Gefühl: Ich meine die Sternstunden, in denen du wild und frei warst, in denen du alles für möglich hieltest, in denen du in das Leben, in dich selbst und in die Schöpfung verliebt warst. Es hat nichts, aber auch gar nichts mit Willenskraft zu tun, sondern es ist wie ein Geschenk, das dir keiner nehmen kann, weil du es in dir trägst – die Bereitschaft, weiterzumachen, dem Leben eine Chance zu geben und echte Freiheit, du selbst zu sein, für möglich zu halten.

Mitgefühl ist der Schlüssel zum inneren Frieden. Diesen Satz habe ich nicht bei einem spirituellen Lehrer abgeschrieben, sondern ich komme mehr und mehr zu der Erkenntnis, dass es einfach stimmt (ich brauche manchmal ein bisschen länger, weil ich alles selbst erforschen und erfahren will ...). Mitgefühl mit dir selbst und Demut vor dem Leben als Kontrapunkte zur Kontrolle und Selbstverurteilung sind die Schlüssel, denn sie befähigen dich dazu, deine Fähigkeit, den Fragen des Lebens auf dir angemessene Weise zu antworten, zu nutzen.

Das Leben gibt sich selbst weiter, ob dir das gefällt oder nicht. Du hast die Wahl, den Tanz des Lebens mitzutanzen oder nicht. Der Tanz selbst findet statt. Du wirst daran nichts ändern. Aber ob du weitertanzt, einfach so, bedingungslos, ob du dich dem Leben weiterhin oder gar noch tiefer hingibst oder nicht, ob du erlaubst, dass es dich berührt und seine ordnenden Kräfte durch dich wirksam werden lässt – diese Entscheidung liegt bei dir.

Warum erzähle ich dir das? Schau bitte genau hin. Glaubst du, es gibt eine Kraft, die dir zur Verfügung steht? Und vertraust du ihr? Auf welche Weise hat sie dich tief enttäuscht und hängen lassen? Mit welcher Erfahrung musst du zunächst in Frieden kommen, wenn du einer höheren Kraft und dem Leben selbst, dem Leben mit all seinen Erfahrungen und Facetten, eine neue Chance geben willst? Denn wenn du perfektionistisch geworden bist, dann deshalb, weil das Leben dich enttäuscht hat. Weil du schmerzhaft gelernt hast, dass du eben nicht getragen und geführt wirst, egal wie innig du auch betest und dich vom Gegenteil zu überzeugen versuchst.

Den folgenden Text schrieb ich in einer sehr schmerzhaften Phase, ich möchte ihn dir zeigen, damit du dich darin finden kannst, wenn du magst.

Kontrolle ist gut. Vertrauen ist besser.

Gestern war ich nach sehr langer Zeit mal wieder in einem 12-Schritte-OA-Meeting (Gruppentreffen der »Overeaters anonymous«, die nach dem 12-Schritte-Programm der Anonymen Alkoholiker arbeiten) und bin über den zweiten Schritt gestolpert: »Wir kamen zu dem Glauben, dass eine Macht, größer als wir selbst, uns unsere geistige Gesundheit wiedergeben kann.«

Ich habe erkannt, dass ich nach und nach durch vieles, was mir in den letzten zehn Jahren geschehen ist, das Vertrauen in eine liebende höhere Macht durch Kontrolle ersetzt habe. Feng-Shui. Positives Denken. Aufstellungsarbeit. Innerliches Ausrichten. Gesunde Ernährung. Meditation. Channelling. Yoga.

Letztlich ist das alles mein Versuch, es richtig zu machen, damit ich vom Schmerz verschont bleibe. Nun, es funktioniert nicht, ich habe viel Schmerzhaftes erlebt. Und ja, das ist alles geführt. Aber wie soll ich einer Macht, größer als mir selbst, vertrauen? Ich brauche ein ganz neues Werkzeug, das ich auf diesem Weg verloren habe oder das ich noch nie wirklich in der Hand hatte: kindliches Vertrauen. Echtes Vertrauen.

Ich weiß nicht, wie ich dieses Vertrauen in mir erzeugen kann. Vielleicht darf ich es trotz all dem, was geschehen ist, in mir finden. Meine Genesung und mein Leben hängen davon ab, dass ich lerne, wahrhaftig loszulassen. Ich vertraue meiner höheren Macht nicht mehr, ich spüre sie nicht kraftvoll und schützend an meiner Seite, nicht dann, wenn es um mich selbst geht – wenn ich nicht Werkzeug für andere bin, sondern wenn es um mein eigenes, privates, persönliches Glück und Wohlbefinden geht. Ich habe es verloren, dieses Vertrauen in eine liebende höhere Macht, die mir meine geistige Gesundheit auch voller Mitgefühl und Liebe überhaupt zum ersten Mal schenkt.

Ich kontrolliere mein Leben, indem ich Yoga mache, mich eini-
germaßen vernünftig zu ernähren versuche, den Rasen mähe und
alles richtig mache, zuverlässig bin, meine Steuern pünktlich zah-
le und hoffe, dass ich dafür eine gewisse Stabilität bekomme, eine
gewisse Art von Sicherheit. Als würde mich das Leben vor Verlus-
ten, Brüchen und Enttäuschungen bewahren, wenn ich brav bin.

In Wahrheit tobt eine rasende Angst in mir, davor, dass sofort
alles zusammenbricht, wenn ich loslasse, wenn ich die Kontrolle
aufgebe und den Dingen ihren natürlichen Lauf lasse. Ich weiß
selbst, dass ich keine Kontrolle habe, und so lasse ich sehr oft
los, aber nicht entspannt und frei, sondern weil ich eben sowieso
keine Kontrolle habe. Das stimmt natürlich nicht nur. Aber hier
ist meine Sucht begründet, hier liegt der Kern meines Unglücks.

Natürlich weiß ich, woher das kommt. Ich hatte wie so viele ei-
nen radikalen Bruch in meiner Kindheit, der sich in meinem Le-
ben immer wiederholt und mich zutiefst verunsichert, das ist nun
mal Teil meiner Erfahrung in diesem Leben und letztlich einfach
nur Uranus-Energie – sprunghafte, in meinem Fall emotionale Ver-
änderungen. Ich habe den Mond im Wassermann, das ist schon
alles richtig so.

Meine Antwort darauf: Ich versuche, mich selbst und alles um
mich herum zu kontrollieren – natürlich scheitere ich damit im-
mer wieder. Das kann also nicht der Weg sein und ist ganz sicher

nicht das, was ich lernen wollte, als ich diese Erfahrung wählte. (Zum Verständnis: Einige Menschen gehen davon aus, dass wir auf seelischer Ebene wählen, welche Erfahrungen wir hier auf der Erde machen, um Bewusstsein zu erschaffen, und für mich ergibt das Sinn, aber lass es einfach liegen, wenn dir das nicht gefällt – es ist nur eine Ansicht, eine Art, die Welt zu sehen, mehr nicht.)

Ich will nicht mehr kontrollieren, ich will nicht mehr alles richtig machen müssen, nicht mehr aufpassen, was ich sage, und andauernd auf mich achten und alles immer mehr kontrollieren, ich will einfach loslassen und mich in die Arme einer liebenden höheren Macht fallen lassen, die mich heilt und mir die Kraft gibt, ohne Kontrolle und ohne scharfkantige Zacken nur heute gesund und vernünftig zu leben. Ganz einfach. Mich selbst andauernd zu kontrollieren tut mir nicht gut, und es funktioniert auch nicht. Ich brauche eine höhere Kraft, der ich wirklich vertraue, ich brauche eine liebende Kraft, die auf mich aufpasst und die mir ganz liebevoll und sanft die Kontrolle aus der Hand nimmt und mir dafür etwas Besseres gibt. Ich brauche eine Kraft, die mich nährt und die mir gibt, was ich wirklich brauche, damit ich aufhören kann, mich zu kontrollieren. Ich brauche dich, bitte komm, und halte mich. Ich glaube, ich brauche eine Mutter. Zum Glück gibt es eine – Mutter Erde.

Findest du dich in diesem Text? Gut so. Im zweiten Schritt brauchst du diese Kraft nicht kennenzulernen. Es genügt, wenn du es für möglich hältst, dass es sie gibt. Ich glaube zutiefst, dass uns, wenn wir uns entscheiden, gehalten zu werden, wenn wir bereit sind, uns selbst einer größeren Kraft anzuvertrauen, diese Kraft dann auch trägt und dass sie wirkt.

Das bedeutet nicht, dass uns nie wieder etwas passiert und dass unser Leben von nun an reibungslos und perfekt verläuft. Vielleicht ist das auch gar nicht nötig. Aber wir haben eine Kraft an unserer Seite, die uns dabei hilft, das, was geschieht, zu meistern. Und DAS ist es, was wir in Wahrheit brauchen. Wir können nicht vermeiden, dass auch schmerzhafte Dinge geschehen. Wir können aber dann, WENN sie geschehen, entsprechend reagieren. Noch einmal: Gesunde Vorsorge ist richtig und gut, sie entsteht aus Selbstliebe, aus Achtsamkeit und aus einer sich selbst wertschätzenden Haltung heraus. Natürlich achtest du gut auf dich und kümmerst dich um deine Angelegenheiten. Bist du in der Fürsorge und in der Liebe, dann bist du im Jetzt. Du atmest entspannt und tust, was eben zu tun ist. Wenn du damit fertig bist, dann tust du etwas anderes. Perfektionistische Kontrolle dagegen zieht dich in die Zukunft, in das, was geschehen könnte; sie will deine Angst vor dem Leben lindern.

Fürsorge kümmert sich um die konkrete Situation. Perfektionssucht kontrolliert die Angst.

Manchmal allerdings ist diese Angst auch angemessen. Wenn du in einem für dich wichtigen Bereich nicht auf deine innere, eventuell auch mahnende, Stimme hörst, wenn du ein für dich wesentliches Lebensthema nicht engagiert und ernsthaft in die Tat umsetzt, sondern mit deinen Energien spielst, wenn du nicht das für dich tust, was gesund, lebendig und kraftvoll wäre, dann hast du selbst den Grundstein für deine Existenzangst gelegt. Du spürst womöglich, dass du etwas tun oder lassen solltest, eine Art, dich zu verhalten, eine Beziehung, ein Beruf, eine ungesunde Lebensweise ändern darfst – doch du hörst nicht auf diese innere Stimme. Warum nicht? Weil dir die Kraft dazu fehlt, das, was sie dir sagt, in die Tat umzusetzen. Manchmal fehlt uns wirklich die Kraft, und genau dann tritt Perfektionismus an die Stelle, an der Mut und Tatkraft sitzen sollten.

Wir beginnen, das zu kontrollieren, was wir kontrollieren können, um nicht spüren zu müssen, dass uns etwas Wichtiges nicht zur Verfügung steht. Ich erlebe es so: Wenn ich unachtsam esse, wenn ich mich zu sehr in co-abhängige oder andere giftige Beziehungen hineinziehen lasse, wenn ich in verschiedener Hinsicht nicht gut für mich sorge, dann werde ich innerlich eng, ich werde zwanghaft, ich spüre, dass ich mich selbst nicht gut nähre und behandle. Weil ich das weiß, bekomme ich (sehr angemessene) Angst, denn ich spüre, dass ich von meinem guten Weg abgekommen bin – und statt das wahrhaben zu wollen (und es zu ändern), verdränge ich es. Aus Bequemlichkeit, aus Gewohnheit, weil es einfacher ist – ich habe tausend Ausreden, und alle meinen nur das Gleiche: Es ist mir zu anstrengend, die

Verantwortung für mich wirklich zu tragen, ich will einfach energetisch vor mich hinschlurfen und eben nicht wach und präsent sein. Das ist eine sehr luxuriöse und dekadente Einstellung. Wenn du dich auf diese Weise in einer nicht domestizierten Natur bewegst, dann wirst du ziemlich schnell gefressen.

Es braucht also eine Kraft, die lebendig, unerschöpflich und voller Freude ist, um uns aus der Erstarrung und der Trägheit in die wilde, also ursprüngliche Freiheit zurückzuholen.

Wie findest du diese Kraft? Du brauchst sie nicht zu finden. Sie findet dich, wenn du es ihr erlaubst. Es ist deine ureigene männliche und weibliche Lebenskraft.

Im zweiten Schritt geht es nur darum, für möglich zu halten, dass es diese Energien gibt, und die Idee loszulassen, du würdest sie schon zur Gänze kennen.

Du darfst dich also dafür öffnen, etwas vollkommen Neues in dein Leben einzuladen, auch wenn du noch nicht weißt, wie sich dieses Neue manifestiert. Das Leben ruft dich, will dich, wird nicht lockerlassen, bis du dich ihm immer tiefer hingibst. So gibt es für dich nichts zu tun, als bereit zu werden, diese Kraft wirksam werden zu lassen. Diese Kraft ist das Leben selbst, und sie wirkt sowieso. Du weißt selbst genau, wie viel Aufwand und Kontrolle es dich kostet, diese Wirkung zu vermeiden, eben nicht frei das zu tun, was du in Wahrheit tun willst, auf genau die Weise, die für dich stimmig ist.

Und dann gibt es natürlich noch die spirituelle Sichtweise – bitte überlies sie, wenn du dich nicht allzu tief mit spirituellen Themen beschäftigen willst. Ich will dich nicht ärgern. Du brauchst sie nicht, um deinen Weg aus dem Perfektionismus herauszugehen. Der Weg ist für jeden da, egal wie du die Welt siehst. So blättere in dem Fall bitte einfach weiter zum dritten Schritt – danke für dein Verständnis.

Für Engel, geistige Wesenheiten, Lichtwesen und den sich seiner selbst bewussten göttlichen Funken auf Erden

Ihr seid auf der Erde, und hier herrschen völlig andere Gegebenheiten, als ihr das von euren Sternenheimaten kennt. Die Materie hat eine eigene Energie; sie folgt dem Geist, und doch hat sie eine eigene ihr innewohnende Trägheit. Die Materie und alles, was zu ihr gehört, nämlich die Tatkraft, das Umsetzen von geistigen Energien in Handlungen, in physisch wirksame, sicht- und fühlbare Erfahrungen, das Manifestieren und das Umgehen mit ihr, gehorchen den Gesetzen der Materie. Sie sind euch äußerst fremd. Die Gesetze der Materie geben ihr Halt und Struktur, die ihr als Grenzen erlebt. Ihr könnt diese Grenzen (innerhalb der physikalischen Gesetzmäßigkeiten) immer wieder erweitern, und doch seid ihr auf Erden ständig mit Begrenzungen in Kontakt und konfrontiert.

Für euren Körper und für das Erdbewusstsein, das ihr bekommt, wenn ihr euch als Seele wirklich und innig erdet, ist das normal, selbstverständlich und ein Teil der Schönheit einer Inkarnation. Ihr könnt euch voller Liebe und Hingabe, voller Freude über diese Schönheit und Kraft darauf einlassen, da sein und diese besondere Party genießen, solange sie dauert. Danach zieht ihr das Partykleid, den Körper, wieder aus, nehmt alles mit, was ihr erlebt habt, besonders das Bewusstsein, das ihr dadurch erlangt habt, und kommt nach Hause. Ihr ruht euch aus, bis euch ein anderes Fest der Sinne mit neuen Erfahrungen anzieht.

Doch wenn ihr euch nur gerade mal so im Erdfeld verankert, nur flach atmet und in Wahrheit mit der Materie nichts zu tun haben wollt, dann wird euch diese irdische Begrenzung sehr auf die Nerven gehen, ja, ihr werdet tatsächlich darunter leiden. Die Begrenzung, von der wir sprechen, ist die Struktur, das, was aus physikalischen Gründen machbar ist. Geistig seid ihr frei, doch die Materie hat ihre eigene Freiheit und lässt sich nicht beliebig von eurem Geist kneten und formen. Die Materie hat einen eigenen inneren Halt, sie manifestiert sich – das wisst ihr aus der Quantenphysik – in jeder Sekunde neu und folgt dabei ihrem Gesetz der Trägheit und der Wahrscheinlichkeit. Es kostet äußerst viel geistige Energie, zum Beispiel einen Tisch, der sich immer wieder neu als Tisch manifestiert, der sich immer wieder neu positioniert und dabei seinem eigenen bekannten Schema folgt, zu wandeln. Ihr könntet manifestieren. Aber die Unmenge an Energie, die ihr dazu benötigen würdet, ist kaum aufzubringen. Schon gar nicht aus der Verneinung heraus! Wenn ihr etwas manifestieren wollt, weil ihr mit dem, was ist, nicht einverstanden seid, dann werdet ihr von der Erde gezwungen, den langsamen, irdischen Weg der Veränderung durch Tatkraft, Umdenken und neue Entscheidungen zu gehen, um sie kennen-zulernen. Wenn ihr zu dieser Party geht, dann werdet ihr auch all die Tänze erlernen, das ist die Vereinbarung mit eurer Seele. Denn ihr habt ja genau diese Tänze gewählt, ihr wolltet sie er-lernen, tanzen und die Freude dieser Tänze selbst erleben. Die Erde nimmt eure Absichten ernst.

Weil ihr die geistigen Gesetze kennt – denn selbst wenn ihr euch nicht damit beschäftigt, so sind es ja die für euch gewohnten Ge-setzmäßigkeiten –, leidet ihr so sehr an den irdischen. Das körper-liche Leben auf der Erde ist so vollkommen anders, als der freie Geist es gewohnt ist (wenn wir in diesen Ebenen von Gewohnhei-ten sprechen können), dass ihr mit den Gesetzmäßigkeiten, die euch geradezu aufgezwungen werden, wenn ihr zur Erde kommt, nicht umgehen könnt und wollt. Und dann gibt es da noch die anderen Wesenheiten, die alle ihrem sogenannten freien Willen folgen (über den wir an dieser Stelle nicht reden werden).

Wenn ihr zur Erde kommt, seid ihr schockiert über das, was all die geistigen Wesen in Menschengestalt vor euch und mit euch manifestieren und erschaffen. All das geschieht, weil jeder versucht, die Materie zu beherrschen, statt mit ihr im Einklang zu leben, sich wahrhaftig zu erden und mit Mutter Erde zu tanzen, eine Hochzeit mit ihr einzugehen. Das Geistige, das göttliche Feuer, die Schöpferkraft, die Befruchtung durch Energie und Ideen kommt von den Sternen, wird in einigen Lehren als »männlich (yang)« bezeichnet. Das Irdische, das Nährende, sich Hingebende, Formenerschaffende und Gebärende kommt von der Erde und wird in vielen Lehren als »weiblich (yin)« bezeichnet.

Männlich und weiblich also – um im Bild zu bleiben ... Wenn eure Seele, euer Seelenfeuer, nicht bereit ist, die Erde, den Körper, zu heiraten, einen lebenslangen Bund mit ihr einzugehen und nicht nur eine rasche, flüchtige Affäre, dann werdet ihr diese Erdkraft nicht erfahren. Sie wird euch nicht zur Verfügung stehen, damit ihr euer Leben auf der Erde in Freude und Fülle meistert. Viele von euch ziehen sich dann noch mehr ins Geistige zurück, wenden geistige Gesetze an und nutzen ihre spirituelle und geistige Schöpferkraft – vergessen aber, dass sie erst eine Ehe eingehen müssen, sonst fehlt der Anteil, der die geistige Energie dann auch in Materie umsetzt. Das ist, als würde ein Mann eine Kiste Äpfel mit nach Hause bringen und seine Frau bitten, Kompott daraus zu machen – dabei aber vergessen haben, überhaupt einen Bund in Liebe mit der Frau (der Erde) einzugehen! So würden die Äpfel in

der Kiste verfaulen, wenn er sie nicht selbst einkochte. Als geisti-
ges Wesen habt ihr nur begrenzt Zugang zur Küche, zur irdischen
Alchemie, wenn ihr euch nicht ernsthaft mit ihr verbindet, denn
hier braucht ihr die irdischen Elemente: (irdisches) Feuer, Wasser,
Erde, Luft. (Wir hier auf der geistigen Ebene dürfen euch diese
Bilder geben, ihr wisst, das ist ein Bild und in absolut keiner Weise
wertend gemeint.)

Und dann gibt es noch die Idee, dass ihr euch alles, was euch
geschieht, selbst erschafft. Das ist in gewisser Weise richtig. Ihr
entscheidet, zu welcher Party ihr geht, wen ihr trefft, welche Er-
fahrungen ihr euch gegenseitig ermöglicht. Auf der Party könnt
ihr dann aber nicht mehr einfach so alles ändern, es sei denn, ihr
habt die Erfahrungen, die ihr machen wolltet, wirklich erlebt und
integriert, also Bewusstsein erschaffen.

So ist all das Erschaffen, Bestellen, Sich-vor-sich-selbst-Verneigen
sehr sinnvoll und wesentlich, damit ihr euch als geistige und ma-
terielle Wesen zugleich erfahren könnt. Es bedeutet aber nicht im-
mer, dass ihr all das Erschaffene auch in Manifestation (das heißt
»zum Ausdruck bringen«) erlebt. Denn genau deshalb seid ihr
auf der Erde: Ihr wollt unbedingt das Irdische erfahren, um euch
zwischen den beiden Polen – dem Licht- und dem Erdwesen – zu
bewegen. Je größer euer Bewusstsein wird, desto mehr Energie
könnt ihr halten, desto klarer spürt ihr, dass ihr beides zugleich
seid, Lichtwesen und Erdwesen. Zu Beginn schaltet ihr zwischen

den beiden Polen hin und her, bis ihr mehr und mehr Verbindungen geschaffen, bis ihr euch selbst eine Lichtbrücke zur Erde gebaut habt.

Und du selbst erschaffst deine eigene, unverwechselbare Lichtbrücke zwischen deiner Seele und der Erde, deinem Körper. Beim Erschaffen dieser Lichtbrücke nimmst du vieles in Kauf, damit sie stabil und unzerstörbar wird. Wie jede irdische Brücke besteht sie aus vielen, vielen Pfeilern und Streben, wird Stück für Stück aufgebaut. Jede Erfahrung, die du meisterst, das meint, jede Erfahrung, die du wahrhaftig durchlebst, durchliebst, auch durchleidest und für dich stimmig abschließt, wie immer das auch aussehen mag, bildet einen Pfeiler, eine Strebe, ein Verbindungsstück in dieser Erd-Licht-Brücke.

Wenn du versuchst, eine Erfahrung zu umgehen, dann kannst du das tun (hier ist dein Wille frei), doch dann bildet sich an dieser Stelle nichts. Weil deine Seele aber diese Brücke bauen will, ist es ziemlich wahrscheinlich, dass sich die Erfahrung wiederholen wird, denn sonst fehlt eben ein Bauteil. Hier ist dein menschlicher Wille weniger frei ... denn dein wahrer Wille kommt aus dem, was die Seele will, nicht aus der Vermeidung von Erfahrungen. Zuerst formt die Absicht deiner Seele deinen Willen, und dann erst hat der Mensch, der du bist, Einfluss – im Idealfall stimmen diese beiden Aspekte überein, und dann bist du wahrhaft Schöpfer deiner Wahrheit und Wirklichkeit. Denn dann wirst du im Dienst an der

Lichtbrücke nichts mehr vermeiden, sondern mit offenen Augen und offenem Herzen, mit ganzer Kraft in deine Erfahrungen eintauchen, sie durchschwimmen und am andere Ende verändert, erfahrener, wieder auftauchen.

Vermeidest du es, innig mit der Erdkraft und allem, was sie mit sich bringt, in Kontakt zu sein, dann ist das sehr verständlich, führt aber zu immer mehr Kontrolle und Vermeidung statt zu echter Schöpferkraft. Du musst dazu bereit sein, dir die Hände schmutzig zu machen, zu schwitzen, ab und zu ziemlich zerknittert auszusehen und dein Erschaffenes immer wieder zu zerstören, wenn du mit Erde arbeiten und etwas Irdisches erschaffen willst, das lernst du in jedem Töpferkurs! Und nichts anderes bedeutet es, auf der Erde zu leben. Es ist ein Töpferkurs für deine Seele. Wenn du der Erde Form geben willst, dann musst du sie in die Hände nehmen, dich in sie hineinwühlen und ihre Beschaffenheit und Gesetzmäßigkeiten mit allen Sinnen (auch mit dem Verstand!) verstehen und erfassen. Sonst bleibt es eine Blaupause, eine Zeichnung, eine Idee.

Willst du diese von deiner Seele so zauberhaft geträumte Schale, Vase oder Skulptur, die dein Leben auf der Erde darstellt, tatsächlich erschaffen, dann wirst du irgendwann in die Erde hineingreifen müssen.

Das klingt banal, aber am Ende ist es so einfach.

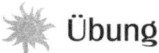 Übung

Stell dir in Gedanken deine eigene, einzigartige Lichtbrücke vor, und sieh sie dir genau an – reicht sie tatsächlich bis zur Erde? Wie stabil ist sie? Und an welchen Stellen fehlt etwas, wo ist sie dicker, wo ist sie dünner oder nur schemenhaft vorhanden?

Und dann schau, ob du dazu bereit bist, all die Kräfte einzuladen, die du brauchst, um deine Brücke so schimmernd, stabil und schwungvoll zu bauen, wie es dir entspricht.

Du brauchst nicht zu wissen, welche Kräfte das sind, sie selbst wissen es. Die Einladung zu wirken kommt allerdings von dir, denn auch das Einladen der Kräfte gehört zum Brückenbau dazu, ist ein wichtiges Bauteil. Lade sie ein – im nächsten Schritt erlaubst du ihnen, wirksam zu werden.

Der dritte Schritt

Wir beschließen, unser Leben, besonders
unsere Sucht nach Perfektion, der lebendigen
Schöpferkraft anzuvertrauen, um neue
Wege zu finden.

Reden wir also über Schöpferkraft. Denn was wir hier auf der Erde brauchen, um wirklich unseren eigenen Weg gehen zu können und nicht den Weg der Angst, des Perfektionismus und der Selbstkritik, ist unsere ursprüngliche weibliche und männliche Energie. In diesem Schritt findest du den Mut, dein Leben auf deine Art zu meistern, die Unterscheidungsfähigkeit zwischen dem, was dir guttut, und dem, was dir schadet, und deine irdische Durchsetzungskraft. Bist du gut in deiner weiblichen oder/ und männlichen Energie verankert, dann bist du gut geerdet. Woran liegt das? Schauen wir uns diese Energien genauer an.

Der Energiekreislauf

Die männliche und die weibliche Energie, die du auch als deine sexuelle Energie bezeichnen kannst, folgen wie jede Energie bestimmten Gesetzen, und es ist hilfreich, diese zu kennen.

Deine Gefühle, deine Freude, deine Tatkraft, deine Lebendigkeit sind der gelebte Ausdruck der Lichtkraft, die durch dich hindurchfließt. So, wie eine Glühbirne nur schwach brennt, wenn sie wenig Spannung erhält, aber hell aufleuchtet, wenn genug Strom zur Verfügung steht, so bist auch du anfällig für Kritik und Ängste, wenn deine Lebensenergie nicht kraftvoll in dir pulsiert.

Warum? Weil du, wenn du deine Lebensenergie deutlich spürst, das Vertrauen in dir trägst, auf das, was dir geschieht, angemessen und in deinem Sinne reagieren zu können. Du vertraust dir einfach selbst. Schwingst du in einem Lebensbereich sehr niedrig, und das tust du im Perfektionismus, sonst wärst du in jeder Hinsicht lebendig und zufrieden, dann kannst du dich im Außen anstrengen, so viel du willst, du wirst nur immer wieder zweifeln und dich nicht gut genug fühlen. Nun arbeitest du vielleicht schon lange an dir und glaubst, du wärst sehr frei, weit und offen. Für sehr viele deiner Lebensbereiche stimmt das sicher auch. Doch was ist mit deinem weiblichen Schoßraum, mit deinem männlichen Feuer?

Strom ist da. Spannung ist auch da. Schau dich in der Natur um, egal zu welcher Jahreszeit. Das Leben findet immer statt, auf die kraftvollste und am meisten erfüllende Weise, die überhaupt nur möglich ist. Das Problem, wenn du perfektionistisch und damit nicht wirklich am Leben bist, ist die Glühbirne. Wenn du nur eine Zehn-Watt–Birne in die Fassung drehst, dann hast du eben funzeliges Licht! Damit kannst du deinen eigenen Weg nicht erkennen und somit deinem inneren Leuchten nicht vertrauen,

natürlich nicht, es fehlt ja auch. Weil dein Gehirn das weiß, gerät
es in Panik, der Schalter legt sich nach hinten in Richtung Ver-
teidigungsmechanismen – also Flucht, Angriff oder Erstarrung, je
nach Temperament.

Auch dein Licht brannte einst hell, du warst voller Lebenskraft,
kamst auf die Erde, um dich selbst voll und ganz zu leben, so hell
zu leuchten, wie es überhaupt nur möglich ist. Doch durch viele
Enttäuschungen, Zurückweisungen, durch Missbrauch, Beschämungen und Verletzungen, eigene und/oder die deiner Ahnenreihe, hast du gelernt, dass es sicherer ist, dein Licht zu dimmen,
weniger zu sein, als dir möglich ist. Du beginnst, dich zu kontrollieren, du rationalisierst, erklärst dir selbst, warum es schon in
Ordnung ist, bestimmte Lebensbereiche nicht oder nur unerfüllt
zu leben. Und für eine gewisse Zeit stimmt das vielleicht sogar. Doch irgendwann – und zwar jetzt, sonst würdest du dieses
Buch nicht lesen –, wird es Zeit, sich dem zu stellen und das
Licht heller zu drehen. Du bist immer lichtvoll, in jedem Bereich,
auch wenn du perfektionistisch und dich selbst verurteilend bist.
Aber die Stärke des Lichtes, das sich verwirklicht, kann sehr, sehr
unterschiedlich sein. Manchmal ist das Licht so schwach, dass es
wie ein Schatten wirkt.

So ist es sinnvoll, dass du dich selbst fragst, auf welche Weise
du deine eigene Energie blockierst, ihren Ausdruck dämpfst und
veränderst.

Die männliche Energie

Das Männliche wird von den Sternen genährt, vom Feuer der Begeisterung und der Schöpferkraft, es verströmt sich nach außen und befruchtet die Welt. Männliche Energie wird im Tun sichtbar. Durch die Ergebnisse dessen, was ein Mann verströmt, bekommt er einen Spiegel für sich selbst. Der männliche Schöpfungsprozess beginnt mit dem Verströmen seiner Energie nach außen. Sein Feuer befruchtet einen Schöpfungsraum außerhalb seines Selbst – der Prozess ist vollendet, wenn er eine bewusste Beziehung mit dem, was außerhalb seines Selbst durch sein Feuer entstanden ist, eingeht und diese Schöpfung als Ausdruck seiner Energie anerkennt.

Die männliche Energie strömt aus dem männlichen Schöpferorgan heraus, wie das auch beim Orgasmus passiert. Der Mann gibt seine Liebe, seine Kraft, seine Energie über seinen Penis, sein Becken, in die Welt, verströmt sich nach außen. Diese Energie wird von seinem Spiritraum, seinem inneren Feuer, gespeist und genährt.

Dieser Spiritraum befindet sich im Bauch, zwischen Schambein und Brustbein, und er dehnt sich seitlich bis zu den Rippen aus. Hier ist die männliche Mitte, das Zentrum. Der Mann erkennt sich selbst in den Schöpfungen, die außerhalb seines Selbst entstehen. Wenn ein Mann Leben weitergibt, zum Beispiel ein Kind zeugt, so wächst dieses Kind außerhalb seines Körpers, genährt vom Weiblichen. Er gibt seine Energie in die Handlung, in die Tat, in Projekte. Deshalb spüren sich Männer über die Tat! Das Weibliche, Mutter Erde, nährt sein Feuer, legt immer wieder Brennstoff in Form von Erdenergie nach und gibt seinen Projekten die Kraft und Nahrung, die sie brauchen, um zu wachsen und zu reifen – vorausgesetzt, er ist gut mit der weiblichen nährenden Energie verbunden.

Lehnt ein Mann das Weibliche ab, verachtet er es, weil ihn das Weibliche zu oft enttäuscht, verletzt, verstoßen, verlassen hat, womöglich gar, weil eine verdrehte Form der Religion das Weibliche abwertet und verteufelt, dann fehlt diese besondere Kraft, die seinen Projekten den Raum zum Wachsen gibt und sein Feuer nährt. Er verströmt sich, befruchtet, aber seine Projekte, seine Kinder, wachsen nur kümmerlich und brauchen viel Fürsorge und Pflege, um Früchte tragen zu können – oder der Mann schert sich nicht mehr darum, geht weiter und verliert seine Mitte immer mehr aus den Augen. Er verströmt sich in das nächste Projekt, sucht sich in dem, was wachsen will, was er verwirklichen will, doch wenn das Feuer nicht genährt wird, brennt es erneut nicht richtig. Das Männliche verliert dann immer mehr Energie, wird mutlos und kämpft nur noch verbissener – oder es wendet sich ab und wird gleichgültig, unbeteiligt.

Das mag erleuchtet, weil scheinbar gelassen aussehen, aber es ist nicht lebendig. Wahrhaft Erleuchtete strahlen, vibrieren vor Lebendigkeit und erhöhen bei aller Gelassenheit deine Energie als Frau. Von sich selbst abgespaltene Männer berühren deinen Schutz- und Mutterinstinkt, vielleicht auch die Priesterin und Heilerin, aber sie rauben dir Lebendigkeit. Auf andere Männer wirkt ein von sich selbst getrennter Mann seltsam leb- oder kraftlos oder sehr aggressiv, je nach Art der Panzerung.

Weil sein Feuer erst wirksam wird, wenn es sich nach außen verströmt und die Welt nährt und befruchtet, definiert und spürt sich das Männliche über die Tat, über die nach außen gerichtete Energie. Ein Mann hat große Schwierigkeiten, sein Innerstes zu spüren, wenn er nicht sehr viel übt und einen guten Draht zu seiner eigenen weiblichen Energie hat. Deshalb ist es gerade für Männer sehr wichtig, das Spiegelgesetz anzuerkennen und sich in dem, was durch sie erschaffen wird, zu spiegeln, sich darin bewusst zu suchen! Je bewusster sich ein Mann seine Schöpfungen, sein Außen, anschaut und es in sich aufnimmt, sich in Beziehung damit setzt, auch wenn es ihm nicht gefällt, desto eindeutiger und klarer erkennt er sich selbst. Nimm als Mann also unbedingt sehr ernst, was dir dein Außen spiegelt, und erkenne, was dadurch in dir berührt wird – es ist dein Spiegel, denn du hast es mit deinem Feuer erschaffen, ob es dir gefällt oder nicht!

Gibt ein Mann sein Feuer nicht ungehindert und frei weiter, nicht voller Liebe und Verantwortung, sondern hält es zurück oder verströmt es in für ihn unstimmige Projekte, Situationen oder Beziehungen, dann verliert er sich. Er sucht sich in dem, was er erschafft, doch weil er nicht sorgfältig und bewusst entschieden hat, wohin er sein Feuer strömen lassen will und wohin nicht, sind die Spiegel unklar und Ausdruck seiner Ziel- und Verantwortungslosigkeit, nicht seines innersten Wesens. Er hat vielleicht jede Menge Projekte, doch er gibt sein Feuer, seine Liebe, seine Schöpferkraft nicht bewusst, sondern verschleudert sich selbst. Und so fühlt er sich dann auch, verschleudert und ausgebrannt.

Vielleicht verweigert er sich auch, beschließt, sein Heiligstes, sein Feuer nicht herzugeben – das ist seine Art, Nein zum Leben zu sagen und sich zu entziehen. Leider schwelt das Feuer nur, wenn er sich nicht auf gesunde und für ihn stimmige Weise in die Welt verströmt, es ist, als fehle der Abzug des inneren Schornsteins. Es qualmt und verschmutzt dich als Mann, bis du dich selbst gar nicht mehr spürst. Auch du hast eine weibliche Schale, in der du dein Feuer hütest, sie ist wie ein innerer Ofen, an dem du dich selbst wärmst. Diese innere Wärme, dieses Feuer, bringt Energie in alle Organe und erhöht die Lebenskraft des Körpers. Sind die inneren Organe versorgt, strömt diese Wärme als Liebe, Tatkraft und Lebendigkeit nach außen.

Je besser ein Mann sein eigenes Feuer nähren und hüten kann, desto gesünder und kraftvoller ist sein Körper und desto effektiver und energiereicher strömt es gezielt und bewusst nach außen.

Hütet er sein eigenes Feuer nicht, weil der innere (weibliche) Ofen fehlt oder weil er sich seiner Schöpferkraft nicht bewusst ist, zeigt er oft Desinteresse an den Ergebnissen seiner sowieso meist nicht besonders energievollen Befruchtungen. Das eigene innere Weibliche, das sein eigenes Feuer hütet, damit es heiß und kraftvoll lodert und nicht nur ein bisschen qualmt, ist ihm nicht bewusst, oder es ist gar nicht vorhanden. So sucht er sich selbst in der äußeren Frau. Er verweigert ihr das Feuer, das er ihr geben sollte – damit etwas Neues, Größeres entstehen kann, indem sie es in sich hütet und nährt –, und will stattdessen ihre weibliche Energie in sich aufnehmen. Damit raubt er ihr Kraft, statt sie zu befruchten.

Genährt wird das Männliche über das Herz. Ist das Herz eines Mannes nicht offen und dazu bereit, sich nähren zu lassen, Liebe in sich aufzunehmen (das geschieht immer dann, wenn nicht genug Liebe da war und das Herz sich verschließen musste, um nicht vor Schmerzen zu brechen), dann senkt sich die Energie des Mannes. Er panzert sich, kontrolliert sich selbst, um diese Leere nicht zu spüren, der Körper schwingt immer langsamer, bis das kraftvolle Seelenlicht nur noch als Schatten, als Versprechen, als Ahnung, aber nicht mehr als gelebte und in die Tat umgesetzte Kraft sichtbar ist.

Beispielsweise für eine Liebesbeziehung bedeutet das: Egal wie sehr du als Frau einen solchen Mann liebst, er nimmt deine Liebe nicht an, sie prallt an ihm ab, und weil das so wehtut, fühlst du dich als Versagerin.

Bist du als Mann in einer Beziehung mit einer Frau, deren Herz verschlossen ist und die dich nicht über ihr Herz nährt, dann wirst du mit großer Wahrscheinlichkeit süchtig nach ihr. Du gibst ihr immer mehr von deiner männlichen Kraft, damit sie endlich ihre Energie zur Verfügung stellt und dich mit Liebe nährt – was nicht passieren wird. Denn eine Frau kann dich nur dann mit Liebe nähren, wenn sie gut an ihr eigenes Weiblichsein angebunden ist, an Mutter Erde und an ihren heiligen Schoßraum. Du kannst sie mit deiner Energie vollpumpen, solange du willst – ist sie nicht aus sich selbst heraus von Mutter Erde versorgt, weil sie sich bewusst dafür öffnet, dann wird sie sich nicht nähren können.

Dein Herz bleibt leer, also verschließt du es, und die Energie, die du ihr für eure gemeinsamen Schöpfungen zur Verfügung stellen willst, wird immer weniger. Du strengst dich an und beutest deinen eigenen Spiritraum, dein eigenes Feuer aus, statt dich neu zu positionieren und dich für eine Frau zu öffnen, deren Weibliches dein Männliches nähren und gebären will und kann.

Wenn sie dein Feuer nicht in sich aufnimmt, weil sie selbst verschlossen und verletzt ist, weil ihr Schoßraum energielos ist, dann verpufft dein Feuer immer wieder. Du fühlst dich seltsam leer – so, als enthalte sie dir ihre Energie vor, als nähme sie dich nicht auf. Du fühlst dich zurückgewiesen und um ihre Energie betrogen, und das bist du auch. Deine Projekte »laufen« nicht wirklich, wenn du nicht in deiner männlichen Kraft stehst und dich selbst nähren kannst, du spürst dich nicht über deine Projekte, weil sie dir nicht entsprechen. Also setzt du statt deines Feuers Kontrolle und Gedankenkonstrukte ein, versuchst herauszufinden, wie du immer besser werden kannst, statt zu erkennen, dass dir dein eigenes Schöpferfeuer fehlt.

Die weibliche Energie

Die weibliche Energie bildet einen inneren Raum, sie nährt und schützt, sie nimmt das männliche Feuer auf und lässt zu, dass Leben entsteht, so, wie die Erde den Samen oder die Zwiebel aufnimmt und der Pflanze Raum zum Wachsen gibt. Dieses Leben gebärt sie in die Welt. Die Geburt ist das Ende einer Phase des Wachstums. Wenn die weibliche Energie etwas nach außen gibt, ist ihr Schöpferprozess vollendet. Ihr Fokus ist nach innen gerichtet, denn die Prozesse finden in ihr statt. Ihr Spiegel ist ihr inneres Erleben, sie spürt sich über ihr inneres Gefühl. Für eine Frau ist es wichtig, sich immer wieder

zu fragen: »Was fühle ich in Bezug auf diese äußere Situation, was sagt mein Schoßraum dazu?«

Die weibliche Energie wird durch den Schoßraum genährt, durch das Wurzelchakra. Du bist angebunden an Mutter Erde, und dein Schoßraum ist weit und offen, wenn du dich in einem guten Energiezustand befindest. Du kannst die männliche Energie – die von einem Mann, den du liebst, aber besonders deine eigene –, liebend in dich aufnehmen, du nimmst sie an, hältst sie in dir und heißt sie willkommen.

Ist dir dein Schoßraum bewusst, so spürst du dein Becken und deinen Uterus wie eine Art Schale, in der du dich selbst geerdet und in deiner Mitte fühlst.

Weil dein Schoßraum mit deiner eigenen weiblichen Energie genährt ist, weil du von Mutter Erde voller Liebe und Wärme für dich selbst und für das Leben gehalten wirst, bist du frei und offen dafür, die männliche Energie anzunehmen, ohne sie süchtig zu brauchen oder sie zersplittern zu lassen. Im Schoßraum hütest du deine eigenen Wünsche und Träume und gebierst sie. Deine weibliche Kraft ist dazu in der Lage, Leben zu hüten, Raum zu geben, im dem sich Leben entfalten und entwickeln kann.

Du spürst dich im Schoßraum, hier ist deine weibliche Mitte. Wenn dein Becken »fehlt«, du abgeschnitten bist von deiner weiblichen Erdkraft, mit der du Leben ermöglichen und Raum geben kannst, dann verpufft auch die männliche Kraft immer wieder, findet keinen Halt in dir, strömt ins Bodenlose. Das Männliche, die Sterne, wollen sich in dich verströmen, finden aber keinen Boden, keinen Raum, in dem etwas Neues entstehen kann, und so fühlst du Leere und Kälte, womöglich gar einen süchtigen Sog. Du bist wahllos, nimmst, weil du so dringend Energie brauchst, alles in dich auf, ohne zu entscheiden, ob du es überhaupt in dir haben willst. Du brauchst Energie, das stimmt, aber die von Mutter Erde und deiner eigenen Seelenkraft!

Nicht nur das von außen kommende Männliche verpufft – besonders deine eigenen Impulse, deine eigene Tatkraft, das, was du selbst verwirklichen, nach außen bringen willst, alles bekommt zu wenig Nahrung, wenn dein Schoßraum leer ist. Du bist nicht geerdet, sondern du lebst im inneren Kind oder im Kopf, in der Kontrolle. Du bekommst einfach nichts richtig auf die Reihe, deine Wünsche und Träume sind womöglich groß und stark, aber du weißt nicht, wie du sie verwirklichen kannst, und bremst dich immer wieder selbst aus. Während sich ein Mann sinnlos nach außen verströmt, wenn er in einem niedrigen Energiefeld lebt, verschließt du dich in deiner weiblichen Energie nach innen und wirst unsichtbar, wenn du niedrig schwingst. Deine Energie versumpft, wird neblig, brackig, und du spürst dich selbst nicht mehr.

Es kann sein, dass einige Lebensbereiche dennoch sehr erfolg-reich auch im Außen sichtbar sind, doch dein Gefühl für dich als Frau, als Hüterin des Lebens, verschwindet mehr und mehr. Du ersetzt wärmende, nährende Energie durch Willenskraft und beginnst, dich anzustrengen, dich anzutreiben, zu kritisieren und auf ungesunde Weise immer »besser« werden zu wollen. Du ver-lierst dich selbst aus den Augen und aus dem Gefühl und kommst nicht mehr in dir selbst zur Ruhe. Weil dein Schoßraum leer ist, strömt die Energie nur sehr schwach zum Herzen, und deine Herzensnahrung, deine Liebe und dein Mitgefühl versiegen. Du suchst, statt zu geben, du strengst dich an, statt zu gebären.

In Bezug zum Beispiel auf eine Liebesbeziehung bedeutet der freie Fluss: Wenn deine Liebe frei und stark aus dem Herzen fließt, du weit und offen bist für die Kraft der Erde, die dich nährt und trägt, dann fließt die Energie durch das Becken, durch deine Mitte ins Herz und von da aus zum männlichen Herzen hin. Der Mann nimmt deine Liebe in sich auf, sie fließt durch seinen Spiritraum, wärmt und nährt sein Feuer. Dieses Feuer, das er gut hütet, fließt durch sein Becken, durch seine männlichen Schöp-ferorgane, nach außen und nährt dich.

In Bezug auf dich selbst bedeutet all das: Du bist dir deiner ein-zigartigen männlichen und weiblichen Kraft bewusst, du bist gut in deinem Schoßraum oder im männlichen Spiritraum verankert und handelst und entscheidest von hier aus auf deine Weise.

Hier ruhst du sicher in dir selbst, du hinterfragst dich nicht ständig, sondern weißt einfach, was du willst und auf welche Weise du mit der äußeren Welt in gegenseitiger Wirkung stehen willst.

Wozu brauchst du die männliche und weibliche Energie, um geerdet zu sein und um authentisch dein eigenes Leben in schöpferischer Fülle statt in der erstarrten Vermeidung von Schmerz und Beschämung zu leben? Genügt es nicht, wenn du dich selbst als schöpferisches Lichtwesen anerkennst?

Um die verschiedenen Aspekte zu unterscheiden, habe ich sie aufgestellt und sie eingehend und getrennt voneinander befragt:

Die **geistige Ebene** ist sehr nüchtern (also nicht emotional) und klar, beleuchtet die Dinge von vielen verschiedenen Seiten und erkennt die Vielschichtigkeit einer Wahrheit. Sie versteht und erkennt, hat ihre Antennen und Wahrnehmungen in fein- und feinststofflichen Bereichen und weiß um die Absichten deiner Seele, weiß, welche Erfahrungen für dich wichtig sind und wozu du auf der Erde bist.

Du weißt auf dieser Ebene um die Einheit der Dinge. Du bist intuitiv intelligent. Schöpferische Impulse kommen als Ideen, als Geistesblitze an. Du nimmst alles, was geschieht, gleichermaßen wahr, ohne zu werten, ohne Unterscheidung, alles hat seine Berechtigung, ist nachvollziehbar, und du kannst alles, was geschieht, neutral beobachten und die Ursachen, Wirkungen und Hintergründe erkennen.

Das ist eine wunderbare innere Haltung, aber als Handlungsgrundlage ist sie nicht besonders ergiebig, denn es gibt keine aktiven Impulse – du verstehst, nimmst auf und erkennst die Zusammenhänge – du hast aber keinen Handlungsimpuls, sondern du beobachtest.

Die **Herzebene** ist liebend, offen und mitfühlend. Hier fühlst du, dass alles mit allem verbunden ist, und du bist wertfrei, liebend und alles in dich aufnehmend. Du kannst mitfühlen, vergeben und loslassen, du bist in Frieden mit dem, was ist, bist opferbereit im Dienst an der Liebe und am Leben. Im Herzen findest du tiefste Hingabe an eine höhere Ordnung, eine höhere Weisheit, du stehst im Dienst an der Liebe. Dein eigenes Wollen spielt hier keine allzu große Rolle, weil es um etwas Höheres geht. Du bist verschmolzen mit allem, du bist in der Einheit. Im Geist verstehst du die Einheit mit allem, hier fühlst du sie.

In der Handlung zeigt sich die Herzebene als echte Fähigkeit zu vergeben (selbst wenn du Schaden erleidest, denn du bist voller Mitgefühl), als Opferbereitschaft und als die Fähigkeit, dich hinzugeben und einer höheren Sache zu dienen. Hier gilt nicht Entweder-oder, sondern Sowohl-als-auch, du erkennst alle Seiten einer Angelegenheit und hast für jeden Aspekt Verständnis und Mitgefühl, weil du dich mit allem verbinden kannst und dich selbst darin wiederfindest. Das Herz wertet nicht, und es hat keine eigennützigen Impulse. Impulse kommen hier als Gefühl, als Emotion, besonders als Vergebung und Mitgefühl an. Handlungsimpulse gibt es kaum, wenn, dann eher die Bereitschaft, die Dinge so zu lassen, wie sie sind, als etwas zu ändern, denn es gibt kein Nein, nur das Ja zu dem, was ist.

Im Schoßraum, im Wurzelchakra, findest du deine weibliche oder männliche, mit dem Körper verbundene Urkraft. Natürlich haben wir beide Aspekte, aber WIE du dich in der Welt ausdrückst, wie du mit ihr in Austausch trittst, auf welche Weise du das Leben hütest, nährst und schützt, hängt von deiner Ausrichtung ab, davon, ob du ein Mann oder eine Frau bist.

Dein Wurzelchakra ist mit der Erde verbunden, und hier findest du endlich jene Eindeutigkeit, die als Handlungsgrundlage taugt. Das Wurzelchakra wertet nicht, aber es unterscheidet sichtbar in zwei Aspekte: »dem Leben dienend« oder »dem Leben nicht dienend«. Mehr gibt es hier nicht. Im Schoßraum bist du mit dem irdischen Ausdruck des Lebens verbunden, und hier spürst du ganz genau, ob eine Handlung dem Leben Ausdruck verleiht und ihm dient oder ob sie Lebendigkeit verhindert, selbst wenn du sie verstehst und sie voller Mitgefühl anschauen kannst.

Das ist keine Wertung, sondern eine Überprüfung auf irdische Lebenstauglichkeit. Du kannst einen wundervollen Schöpfer-impuls haben, aber wenn dein Schoßraum Nein dazu sagt, wird es schwierig, ihn in die Welt zu gebären oder die Welt mit ihm zu befruchten. Warum? Weil dein Schoßraum oder dein männliches Feuer ganz genau spürt, ob diese Idee »erdtauglich« ist oder nicht, denn sie kennen die Gesetze, denen die Materie und das in Form gebrachte Licht unterliegt. Es ist wenig sinnvoll, den Schoßraum »umzuprogrammieren«; viel nützlicher ist es, ihn zu fragen, auf welche Weise du diese Idee in die Tat umsetzen kannst. Manch-mal braucht es nur eine kleine Anpassung, eine Erd-Adaption.

Du bist schwanger oder nicht, du befruchtest etwas oder nicht. Du dienst dem Leben, bist mutig und voller Tatkraft oder eben nicht. Natürlich ist diese Wahrnehmung ebenfalls sehr viel-schichtig, weil es immer viele verschiedene Ebenen gibt. Auf einer Ebene dienst du dem Leben, dafür blockierst du es auf einer anderen Ebene – aber hier, im Wurzelchakra, sind die Dinge sehr einfach. Wenn du deinen Schoßraum befragst, dich tief mit deiner irdischen Schöpferkraft verbindest, bekommst du eindeutige Handlungsimpulse. Entweder du atmest auf und der Schoßraum wird weiter und lebendig, oder du atmest flacher und er zieht sich zusammen.

Du spürst im Wurzelchakra, im Schoßraum, ob ein Impuls, so wundervoll er sich auch im Herzen anfühlt, so genial er sich im

Geist auch darstellt, auf der Erde realisierbar ist. Nicht jeder Impuls, egal wie großartig er ist, lässt sich in irdisches Leben umsetzen, und genau hier braucht es die Zusammenarbeit zwischen Himmel und Erde, zwischen Lichtkraft und Materie. Weißt du das nicht, dann glaubst du, dass du alles, was dein Geist und dein Herz wissen und wozu sie in der Lage sind, auch auf der Erde realisieren musst.

Ich erlebe es oft, dass mein Herz voller Mitgefühl und voller Offenheit, mein Geist voller Verständnis und echter Erkenntnis ist, und ich erwarte von mir, dass ich auch entsprechend handle und mich entsprechend fühle. Doch immer wieder stelle ich fest, dass mein Schoßraum eine eigene Sprache hat. Er erlaubt mir, mich deutlich abzugrenzen und, wenn nötig, Nein zu sagen – bei aller Liebe, bei allem Mitgefühl. Er schützt mein Leben auf der Erde und wahrt meine Grenzen.

Die Kunst ist die, darauf zu hören. Doch die Impulse sind, im Gegensatz zum Herzen, das sich sowieso leicht durch romantische Vorstellungen verwirren lässt, oder im Gegensatz zum Geist, der störanfällig für Gedankenkonstrukte ist, sehr klar und eindeutig. (Das Wurzelchakra ist natürlich auch störanfällig – für sexuelle Impulse, die als Handlungsgrundlage manchmal geradezu zwingend sind.) Und dennoch findest du hier deine tiefste irdische Wahrheit. Dein Ja zu einer Sache und auch dein Nein. Eine Pflanze wächst oder sie wächst nicht, etwas lebt oder es lebt nicht, dazwischen gibt es nichts. Das Leben auf der Erde zeigt sich in seiner Manifestation unmissverständlich und klar erkennbar.

Wenn wir diese Energie nicht in unsere Entscheidungen einbe-ziehen, ihr keinen Ausdruck verleihen, dann bleiben wir (wenn wir von einer offenen, unverletzten inneren Haltung ausgehen) bei aller Klarheit im Verstehen und im Mitgefühl hängen, statt auf unsere unverwechselbare Weise zu handeln und damit dem irdischen, in Form und Ausdruck gebrachten Leben zu dienen. Selbstverständlich hören wir Geist und Herz zu, wir beziehen alle Aspekte ein, aber den Ausschlag zur Handlung auf der Erde darf unser Schoßraum geben, vorausgesetzt, wir sind im Vollbesitz un-serer unverletzten, ureigenen weiblichen oder männlichen Kraft.

Die weibliche Schoßkraft und der männliche Spiritraum sind mit der Erde verbunden und kennen sich deshalb mit den Rhyth-men der Erde aus. Im Schoßraum weißt du, ob du handeln oder gelassen abwarten sollst, du spürst, wohin sich die Dinge ent-wickeln. Wenn du dazu bereit bist, anzuerkennen, was dein Schoßraum dir sagt, dann handelst du im Gleichklang mit den Rhythmen des irdischen Lebens. Du bist bei dir und tanzt dei-nen Tanz mit der Erde.

Die Wurzel ist der Sitz unseres menschlichen Bewusstseins – im Gegensatz zum Lichtbewusstsein unserer oberen Chakren. Im Herzen verbinden sich unser Lichtpol und unser irdischer

Pol, aber nur, wenn wir beiden Polen Raum und Gewicht geben.

Dazu noch eine Anmerkung. Ich erlebe ab und zu, dass jemand Folgendes sagt:»Ich bin voller Licht und Liebe, und damit bin ich grenzenlos, ich brauche keinen Schutz, und ich muss mich nicht abgrenzen.«

Ist das so? Ich erfahre es anders. Ich bin auf der Erde, und hier darf ich mich mit Grenzen und dem Unterschied zwischen »du« und »ich« beschäftigen, genau DAS ist ja die Herausforderung, und genau das schafft Bewusstsein. Die Selbstfürsorge, das sorgfältige Abwägen, das Unterscheiden sind Teile der Erfahrungen auf der Erde und lebensnotwendig. Dein Körper tut den ganzen Tag nichts anderes, als zu unterscheiden, welche Stoffe er für sich verwendet und welche er ausscheidet. Niemand würde freiwillig in ein Salzsäurebad steigen, und doch müsstest du genau das tun können, wenn du für dich in Anspruch nähmst, dich nicht abgrenzen zu wollen. Sich auf gesunde Weise abzugrenzen hat nichts damit zu tun, eine wichtige Erfahrung, die einfach ansteht, zu vermeiden! Das funktioniert sowieso nicht, wie du sicher oft genug erlebt hast.

Es wird Zeit, dass du deine innere Kraft kennenlernst und sie annimmst. Wenn du magst, dann folge mir auf diese innere Reise:

Die Kraft deines Schoßraumes

Mach es dir bequem, atme ein paar Mal tief durch, und erlaube dir, eine neue Erfahrung zu machen. Kippe in deiner Vorstellung die Schalter deiner Amygdala wie im ersten Schritt (Seite 54) beschrieben nach vorn, damit du die neuen Energien gut und bereitwillig annehmen kannst.

Nun stell dir bitte eine Lichtsäule vor, die ganz und gar neu ist. Die Energie dieser Lichtsäule war in dieser Zusammensetzung noch nie auf der Erde, und sie schenkt dir eine neue Erfahrung und neue Möglichkeiten. Stell dich bitte mitten in diese Lichtsäule, und lass dich von dem Licht durchfluten. Es nimmt alles mit sich, was nicht mehr zu dir gehört, besonders den Anteil, der sich nie gut genug fühlt. Ganz von selbst reinigt dich diese Lichtsäule auf dir bisher unbekannte Weise, sie vibriert alles aus dir heraus, was jetzt gehen will.

Deine seelischen Aspekte und Anteile, für die es Zeit ist, den Körper zu verlassen und nach Hause zurückzukehren, steigen in der Lichtsäule ganz leicht und wie von selbst auf und verwandeln sich in Licht. Aspekte deines inneren Kindes, die sehr entmutigt sind oder in Angst vor Beschämung und Strafe leben, strömen aus dir hinaus und kehren ins Reich deiner Seele zurück, finden Trost und Frieden in deinen eigenen feinstofflichen Daseinsformen. Du spürst förmlich, wie sich besonders deine Mandelkerne reinigen, wie dunkle Energie aus ihnen aufsteigt und sie heller und lichter werden, vielleicht werden sie gar ganz ausgetauscht und entstehen neu, voller lebensbejahendem Mut. Ganz besonders fließt alles, was du für deine Ahnen und deine Familie, möglicherweise für das Kollektiv trägst, aus dir hinaus und löst sich in Licht auf oder strömt in die Erde, wo es zur Ruhe kommen darf.

Immer lichter und klarer fühlst du dich. Nun beginnen neue Seelenkräfte aus dem Reich deiner Seele, in dich einzufließen. Gleichermaßen spürst du, wie Erdkraft in dich einströmt. Diese Erdkraft brauchst du, damit deine Seelenenergie hier auf Erden Form annimmt und sichtbar wird, sich in Taten und Möglichkeiten zeigt, die dir begegnen.

(Nutze bitte von den beiden folgenden die Reise, die dir heute dient; sinnvoll ist es, beide zu machen, denn du trägst den männlichen und den weiblichen Pol in dir.)

 ## Für das Weibliche

Diese Erdkraft fließt in dein Becken und formt eine Schale, eine wunderschöne, einzigartige, stabile Schale. In dieser Schale hütest du das Leben, sie steht stellvertretend für deine Gebärmutter. Jede Idee, jedes Projekt hütest du hier so

lange, bis es geboren werden kann; das kann sehr schnell gehen, manchmal aber brauchen die Dinge ihre Zeit. Diese Schale entsteht aus der Erdkraft heraus, und sie kennt die Rhythmen, weiß genau, wie lange Ideen, Projekte und natürlich auch Kinder brauchen, bis sie jeweils reif sind, in die Welt entlassen zu werden, bis du sie gebären kannst. Immer mehr fließt die Erdkraft in dich ein und sammelt sich im Becken; die Schale wird nun genau so groß, schwer und stabil, wie es für dich stimmig und deinem Seelenfeuer entsprechend richtig ist. Die Schale entsteht ganz neu, und so ist sie unbeschwert von all den Lasten, die du womöglich für deine Ahnen, für deine Familie und für das weibliche Kollektiv trägst.

Nun sieh, wie sich das Licht der Lichtsäule und deine eigenen Seelenkräfte in dieser Schale sammeln, zur Ruhe kommen und von hier aus in die verschieden Chakren, Aurakörper und physischen Körperteile strömen.

Hier ist deine Mitte, als Frau bist du im Becken geerdet, hier sammelst du Energien und nährst sie, bis sie sich als Tat, als gelebter Ausdruck zeigen. Du nährst deine Ideen tief im Becken. Hier gibt es weder Zweifel noch Unsicherheiten; die Schale weiß genau, was dem Leben dient und was nicht, und sie vertraut sich selbst – kommt sie doch aus dem Schoß von Mutter Erde.

 ## Für das Männliche

Die Erdkraft fließt in Form von rot glühender Magma in dein Becken und von dort aus weiter in deinen Bauchraum. Im Bauchraum entsteht ein Feuer, es ist wie ein riesiges Lagerfeuer, es ist das Feuer deiner Schöpferkraft, mit der du die Welt befruchtest. Dieses Feuer füllt deinen ganzen Bauchraum aus und wärmt dich, schenkt dir Lebendigkeit und Begeisterung für das, was du verwirklichen willst. Die Erdkraft nährt das Feuer, versorgt es mit Brennstoff, und so sorgt ein unablässiger Strom aus der Erde dafür, dass dein Feuer heiß und gleichmäßig lodert. Es steht dir zur Verfügung, damit du mit ihm schöpferisch tätig werden kannst, damit du deine Träume, Wünsche und Ideen im Außen in die Tat umsetzen kannst. Die Erdenergie nährt dein Feuer auch dann, wenn du es nach außen gibst, sie strömt durch dich hindurch in deine Projekte. Deine Seelenenergien und die Kraft der Lichtsäule strömen in das Feuer hinein und geben ihm eine Richtung, eine Farbe, einen Impuls; sie zeigen dir, auf welche Weise dein Feuer in der Welt wirken möchte.

Du spürst deine Mitte in deinem Feuer, nimmst dich als schöpferisch und befruchtend wahr und spürst, wie erfüllend es ist, dein Feuer in die Welt zu bringen, sichtbar zu sein und dich nach außen zu verströmen.

Für das Weibliche und für das Männliche

Immer stabiler spürt sich deine Mitte an, und du kommst zur Ruhe. Du erkennst, dass du tatsächlich einzigartig bist und dass deine innere Kraft dir den Weg weist, dir zeigt, auf welche Weise und in welcher Zeit deine Energie nach außen hin sichtbar werden und mit der Erde in Wechselwirkung treten möchte.

Alle Ideen darüber, wie du sein solltest, lösen sich im Feuer und in der Schale auf, und die Energie deiner Mitte strömt in deinen ganzen Körper, besonders in die Mandelkerne. Vielleicht fühlst du dich zum ersten Mal gut geerdet und zugleich gut mit deiner spirituellen Seelenheimat verbunden, fühlst dich als Wesen, das Himmel und Erde in sich vereint und diese Energien in gesunde, kraftvolle und gelassene Handlungen umsetzen kann.

Bleib in der Lichtsäule stehen, lass diese Kräfte in dir wirken, und komm dann, wenn du für diesen Moment genügend genährt und entflammt bist, zurück – jederzeit steht dir diese Lichtsäule zur Verfügung, du kannst dich mit ihrer Hilfe immer wieder bewusst mit deiner Seele und der Erde zugleich verbinden.

Der vierte Schritt

Wir schauen uns an, wie unsere Angst davor,
nicht gut genug zu sein, wirkt, wo sie angemessen ist und wo sie eventuell Schaden
angerichtet hat – wir machen eine Inventur.

In der Perfektionssucht fängst du wie ein Seismograph alle Erwartungen deiner Umgebung an dich auf, auch die feinsten – und sehr vielschichtig und oft so, dass du es gar nicht bewusst in allen Einzelheiten erfassen kannst. Deine Sucht nach Perfektion will dafür sorgen, dass du alle Anforderungen, alle Erwartungen an dich, die offensichtlichen und die unausgesprochenen, die von außen und deine eigenen, erfüllst, um dich unangreifbar zu machen. Sie schützt dich vor Beschämung, Bestrafung und Liebesentzug – und sie bringt dich in größte Schwierigkeiten, denn du versuchst nun, einander völlig widersprechende Anforderungen und Erwartungen gleichermaßen zu erfüllen.

»Tu doch einfach, was dir selbst guttut« – dieser Satz dient uns in keiner Weise, das wissen wir. Es ist nur ein weiterer Auftrag, den wir in unsere Sucht nach Perfektion integrieren müssen. Nun sollen wir zu all dem auch noch nach außen hin wirken, als wären wir eben NICHT perfektionistisch.

Diese innere Stimme, die dir dauernd mitteilt, du seist nicht gut genug – sie nimmt vorweg, was du im tiefsten Inneren befürch-

test: beschämt, verlacht und vernichtet zu werden. Warum befürchtest du das? Weil du es erlebt hast, ganz einfach, sonst
wüsstest du nichts darüber.

Es ist also wichtig, dass wir genauer hinsehen und zu unterscheiden lernen, in welchen Lebensbereichen diese innere Stimme
recht hat und in welchen nicht. Manche Anforderungen und
Ansprüche von außen oder aus uns selbst heraus sind, darin
stimmst du mir sicher zu, vollkommen angemessen. Denn in einigen Bereichen mag es ja sein, dass wir »nicht gut genug sind«,
und es ist wichtig, dass wir besser werden, uns bemühen, lernen
und wirklich unser Bestes geben. Meistens treibt uns diese innere Stimme aber unangemessenerweise an, und deshalb dürfen
wir lernen, uns zu entspannen und anders mit uns umzugehen.
Und weil Schuldgefühle und die Angst, bei einer Unzulänglichkeit ertappt zu werden, und das innere Wissen darüber, dass
wir tatsächlich in bestimmten Lebensbereichen eben nicht unser Bestes geben, suchtauslösend für uns sind, machen wir eine
Inventur. Schauen wir uns zunächst unser »Ich-bin-nicht-gut-
genug-wie-ich-bin«-Muster an.

Bei mir sieht das zum Beispiel so aus: Gerade gestern hatte ich
ein Gespräch mit einem Mitarbeiter des Verlags, für den ich
schreibe; ich erzählte ihm von diesem Buch. »Ah«, meinte er,
»perfekt sein bedeutet also zum Beispiel in Bezug auf einen Vortrag, den du halten sollst, dass du korrekt gekleidet bist, dich

super vorbereitet hast und alles gut kannst.« Oh nein. Perfekt sein in Bezug auf einen Vortrag bedeutet für mich:

1. So angezogen sein, dass ich zwar esoterisch wirke, dass sich also meine Zuhörer in mir erkennen, aber auf keinen Fall zu angepasst, denn meine innere Rockerin (die am liebsten Schwarz trägt) und die Künstlerin wollen auch gesehen werden und sich nicht verbiegen. Ich habe meine Eltern im Hinterkopf (klar, wo sonst), die haben auch noch ein Wort mitzureden und würden sich über allzu weibliche (z. B. lange Röcke), romantische oder glitzernde Kleidung lustig machen – enge Jeans aber gehen auch nicht, ich weiß ehrlich gesagt nicht, was sie wollen. Vielleicht ein nicht allzu strenges Businesskostüm, aber das mag ich nun wieder nicht.

2. Ich halte meine Vorträge frei (Vorbereitung bringt also nichts), das heißt, ich erwarte von mir selbst, total angebunden zu sein, in einer Lichtsäule zu stehen und sehr hoch schwingende Energie in Worte umzusetzen, die meine Hörer berühren, die echte Lebenshilfe darstellen, die nicht abgedroschen sind und die meinen Hörern genau das geben, was sie an diesem Tag oder Abend brauchen. Gleichermaßen braucht der Veranstalter natürlich das Gefühl, dass ich genau weiß, was an diesem Abend geschieht, wann die Pausen sind und in welchem Zeitraum ich Musik haben will.

3. Viele Menschen (inklusive mir selbst) erwarten von mir, dass ich mit dem, was ich weiß, mein Leben reibungslos meistere und dass ich gesund, glücklich und im Reinen mit mir und allem bin. Also muss ich gesund und strahlend aussehen, Augenringe gehen gar nicht, und ich sollte auch nicht zu viel wiegen, sonst nimmt mich niemand mehr ernst, wenn ich über Loslassen und Das-ideale-Gewicht-Finden rede. Ich sollte das, was ich schreibe, zu hundert Prozent leben und damit ein erfülltes Leben vorweisen können – am besten, ich werde auch nicht älter, aber mit Lichtnahrung lässt sich das ja wohl erreichen.

4. Ich will und sollte sehr weiblich wirken, aber wieder nicht zu sehr, damit ich nicht als »Weibchen« rüberkomme, denn ich schreibe ja auch über die wilde Frau. Mein Haar darf nicht allzu blond sein, weil sehr viele Frauen in der »Szene« blond sind. Ich liebe aber blondes Haar – also darf die Frisur zumindest nicht allzu engelhaft oder esoterisch (alle Haare blond, gleich lang und glatt) sein. Ich will nicht aussehen wie so viele Frauen, die spirituell arbeiten und/oder leben (obwohl ich es natürlich tue).

5. Auf keinen Fall darf ich zwanghaft und perfektionistisch wirken, sondern ich sollte natürlich, locker und vollkommen selbstbestimmt rüberkommen! Denn: All das, was ich geschrieben habe, könnte den Eindruck erwecken, ich sei total selbstfixiert und glaubte, jeder schaute nur auf mich (was für den angsterfüllten Anteil auch stimmt). So sollte ich also unbedingt vermeiden, auf mich zu schauen, und entspannt einfach da sein und dienen – und gleichzeitig alles tun, um Beschämung und Liebesentzug oder Enttäuschung zu vermeiden. Eine schier unlösbare Aufgabe.

Und so weiter ... Absurd, oder? Wie soll ich all diese Erwartungen zugleich erfüllen? Gar nicht natürlich! Selbstverständlich schere ich mich nicht darum, sondern ziehe an, worin ich mich wohlfühle, verlasse mich darauf, dass ich geführt bin, wenn ich einen Vortrag halte – und das funktioniert üblicherweise auch wunderbar. Aber all diese Erwartungen und Anforderungen, seien sie real oder eingebildet, die meiner Familie, die meiner Leser, meine eigenen – all das ergibt ein riesiges Geflecht aus Verhaltensmaßregeln, und dieses Geflecht lähmt mich. Und du siehst ja, ich hatte es zu Beginn geschrieben, was bei all dem Wissen dennoch mit mir passiert, wenn ich den Erwartungen tatsächlich nicht entspreche. Mein Körper dreht durch, ich werde krank.

Was ich aber wirklich zu leisten habe, ist: Ich bin pünktlich, sofern es in meiner Macht steht. Ich bin vorbereitet, das heißt, ich sorge in mir für eine gute Energie, und ich konzentriere mich. Ich gebe tatsächlich mein Bestes – das, was an dem Tag mein Bestes ist. Ich bin so angezogen, dass ich mich wohlfühle. Ich bin freundlich, offen und sorge dafür, dass mein inneres Kind behütet und geschützt ist[1] und mir deshalb nicht dazwischen-

---

1 Susanne Hühn: *Die Heilung des inneren Kindes. Sieben Schritte zur Befreiung des Selbst.* Darmstadt: Schirner, 2008.

funkt. Ich bin dankbar, denn ich weiß genau, wie lange ich mich danach gesehnt habe, vor Menschen sprechen zu dürfen und ein unterstützendes Publikum zu haben. Und weil ich dankbar bin, möchte ich aus meinem Herzen heraus das geben, was mir an diesem Tag möglich ist, so viel Liebe, so viel Klarheit und so viele Werkzeuge anbieten, wie ich sie nur zur Verfügung stellen kann. Ich spreche laut und deutlich, und ich nehme die Gegebenheiten, die mir der Veranstalter anbietet, an, ohne herumzuzicken. Der Veranstalter kann sich auf mich verlassen, ich beherrsche meinen Stoff, ich bin präsent.

Ich schreibe das deshalb so ausführlich, weil du dich selbst auf deine Weise und in deiner Sprache darin wiederfindest, richtig?

Wir alle sind eingesponnen in einen Kokon aus Regeln darüber, wie man etwas richtig macht, Regeln, nach denen wir fragen (wie baue ich Kartoffeln richtig an, wie gehe ich mit meiner kranken Katze um, wie ernähre ich mich gesund ...), und Regeln, die uns oftmals mit einer Drohung von außen aufgedrängt werden. Trink den neuen Powerdrink, sonst ist dein Leben langweilig und du bist unsexy, nimm jenes Waschmittel, sonst gucken die Kinder in der Schule blöd, nutze diesen Rasierer, damit du begehrenswert wirst. Iss auf keinen Fall dies, dafür zehn Mal am Tag das, bau keinen Unfall, komm aber pünktlich, ruf an, find raus, was »sie« beim Sex will, sonst verlässt sie dich. Schau dich in deinem Leben um – egal wohin du blickst: Verbesserungsvorschläge, Regeln und Anforderungen an dich. Einige sind sinnvoll, andere dienen dagegen dem, der etwas von dir will. Du kannst dich kaum einen Schritt bewegen, ohne dass es eine »richtige« Art gibt, das, was du gerade tust, zu tun, und ohne dass es bereits jemand bewertet, katalogisiert und eine Doktorarbeit darüber geschrieben hat. Da ist nur sehr wenig Raum für schöpferische Freiheit, echte Intuition und deine Art, die Dinge zu tun, wenn du dir diesen Raum nicht zurückeroberst.

So bittet dich dieser Schritt um eine Handlung. Schreib bitte auf, was deine Sucht nach Perfektion von dir erwartet, damit du dir darüber bewusst wirst. Denn erst wenn du klar erkennst, was deine Sucht will, kannst du wahrnehmen, was DU eigentlich möchtest. Dieser Perfektionismus ist so vielschichtig und greift so schnell, dass wir ihn oft gar nicht bemerken.

Beginne, wenn du magst, ein wenig im Trüben zu fischen, und nimm dir etwas zu schreiben. Schreib Sätze auf, oder sprich sie aus, die beginnen mit:

»Ich sollte ...«

Ich sollte gesund sein. Ich sollte erfüllt leben. Ich sollte keinen Ärger machen. Ich sollte dankbar sein. Ich sollte wissen, wie das geht ... Ich sollte nicht diesen löslichen Kaffee trinken, ich sollte nicht »nicht« sagen, ich sollte positiv und dankbar sein ...

»Ich bin nicht gut genug, weil ...«

Ich bin sicher, da fallen dir eine Menge Sätze ein ...

»Ich schäme mich, weil ...«

Ich schäme mich zum Beispiel, weil ich, als meine Eltern sich trennten, meinen Vater für mich allein haben wollte. Ich bin die Älteste und war es gewohnt, viel bei ihm zu sein. Auf einmal waren da eine neue Frau und auch noch ihr eigenes Kind – das war einfach zu viel. Das neue Kind und meine jüngere Schwester waren »die beiden Kleinen«, sie kamen zusammen in ein Zimmer. Ich war die Große. Allein. Ich habe mir nie erlaubt, mir einzugestehen, dass ich meinen Papi (und auch meine Schwester) für mich allein wollte, dass ich die neue Familie als störend empfand. Wir »funktionierten«, und uns allen wurde immer wieder gesagt, wir sollten nicht so egoistisch sein.

Ich erzähle dir auch das, weil du es kennst. Das ist alles nichts Besonderes, aber ich habe dadurch verlernt, das, was ich brauche, wahrzunehmen und ernst zu nehmen – damit ich mich selbst voller Mitgefühl an der Stelle halten kann!

Ich schäme mich, wenn ich ein paar Kilo zu viel auf den Rippen habe, weil es meine Gier nach Essen zeigt, meine nicht vorhandene Selbstbeherrschung, und das war in unserer Familie verpönt.

Selbstbeherrschung war eine wichtige Disziplin in meiner Kindheit – ein hervorragender Nährboden für Perfektionismus, weil du dich immer selbst beobachtest, neben dir stehst und dich durch die Augen derer betrachtest, die dich missbilligend bewerten.

Vielleicht schämst du dich für deinen Körper, fühlst dich nicht schön genug, zu dick, zu klein, zu groß, zu dünn, zu wenig weiblich oder zu wenig männlich? Gerade dann brauchst du deine Kraft aus Schritt zwei, die weibliche Schale und das männliche Feuer. Dein Körper ist ein Ausdruck deiner wundervollen Schöpfer- und Seelenkraft, und je mehr du diese Energie lebst, desto weniger besessen bist du von deiner Körperform. Dennoch ist es für dein Wohl vielleicht wichtig, ein einigermaßen vernünftiges Gewicht zu haben, du kannst es dir als Perfektionssüchtige(r) nicht leisten, in einem Bereich deines Lebens bewusst ungesund zu leben. Viel zu groß ist die Gefahr, dass deine Amygdala sonst unkontrolliert Alarm schlägt.

Verstehst du, dein Perfektionismus ist deine Warnblinkanlage, er weist dich darauf hin, dass in wichtigen Bereichen etwas nicht stimmt. Je mehr du dich um das kümmerst, was wirklich wesentlich ist, je mehr du dieser gesunden inneren Stimme, die dir »Du weißt, du solltest ...« sagt, vertraust und ihr Raum gibst, selbst wenn ihre Botschaft unbequem ist (und ist sie das nicht immer ...?), desto entspannter kannst du mit dem Rest deines Lebens umgehen.

Wie du den Antreiber von der gesunden inneren Stimme unterscheiden kannst? Nun, du erkennst dieses angemessene schlechte Gewissen und dieses gequälte innere »Ich weiß ...«, wenn deine gesunde innere Stimme dich zu einer gesünderen, freieren Lebensweise anregen möchte. Es ist ganz einfach. Kannst du frei atmen, wenn du deine innere Botschaft hörst oder nicht? Echte Botschaften lassen dich aufatmen, lassen dich für einen Moment Freiheit spüren. Anforderungen dagegen machen eng, und dein Atem stockt. Es ist wirklich so einfach.

»Ich habe Angst, weil ...«

... ich nicht meinen wahren Impulsen folge, und zwar aus Sorge darüber, dann zu wenig Geld zu haben, nicht geliebt zu werden, meinen Job zu verlieren, erst gar keinen zu finden ...

»Ich fühle mich schuldig, weil ...«

Nimm dir bitte viel Zeit dafür, ich schreibe die Sätze so rasch hin, aber die Aufgabe selbst ist groß und gewichtig.

Bert Hellinger, der die so ungemein hilfreiche Technik des systemischen Familienstellens aus der Gestalttherapie heraus entwickelt hat, sagt: Ein schlechtes Gewissen zeigt immer an, dass du dich aus einer Komfortzone hinausbewegst, dass du Grenzen überschreitest.

Gute Grenzen und weniger gute Grenzen. So schau, wenn du ein schlechtes Gewissen, also Schuldgefühle, hast, genau hin, ob die Grenze, die du überschreitest, eine Grenze ist, die dich schützt, oder eine Grenze, die dich einengt. Ein schlechtes Gewissen zu haben, weil du zu viel rauchst oder dich zu wenig bewegst, ist sehr sinnvoll, denn die Grenze, die du überschreitest, dient deiner Gesundheit (ein gewisses Maß an Bewegung zu haben, ist eine Komfortzone, eine bestimmte Anzahl Zigaretten zu rauchen eine andere – niemand sagt, dass Komfortzonen deiner Gesundheit dienen, du fühlst dich nur wohl und sicher darin). Ein schlechtes Gewissen, das sich dir aufdrängt, weil du besser für dich sorgst und auch mal Nein sagst oder die Dinge nur zu achtzig Prozent perfekt erledigst, kannst du hingegen getrost ignorieren. Denn Grenzen, die du in dem Fall überschreitest, haben dich bislang am erfüllten Leben gehindert.

So lass dich nicht durch ein schlechtes Gewissen aufhalten, sondern schau einfach sorgfältig hin – sind die Grenzen sinnvoll, und du tust gut daran, sie einzuhalten, oder wird es Zeit, sie zu überschreiten?

»Ich fühle mich schuldig, wenn ich ...«

Diese Sätze sind wie Angelhaken, die du nach innen wirfst. Du weißt nicht, was sich festbeißen wird, aber der Köder wirkt, wenn du dich traust, das, was du herausfischen wirst, anzuschauen.

Sei bitte ganz ehrlich. Denn du wirst auch den einen oder anderen Schatz bergen. Es kann sehr gut sein, dass du zum Teil auch deshalb Angst davor hast, nicht gut genug zu sein, weil du dich in bestimmten wichtigen Lebensbereichen tatsächlich nicht gut um dich und um das, was durch dich auf die Erde kommen will, kümmerst. Bewegst du dich zum Beispiel zu wenig, dann weißt du das, und etwas in dir bekommt Angst, macht sich Sorgen, fühlt, dass du wenig liebevoll und achtsam mit dir umgehst.

Folgst du nicht deinen Träumen, lebst du dein Leben an dir selbst vorbei, dann weißt du das. Steckst du in einer dich abwertenden Beziehung fest, dann kannst du dich nicht frei entfalten und dein wahres Potenzial auch nicht leben. Diese Angst sitzt tief, denn du drückst sie immer wieder weg, damit du nicht in die Handlung zu kommen brauchst. Jedes ausdrücklich ungesunde Verhalten kann zur Sucht nach Perfektion führen, als Ausgleich, als Ventil für deine in diesem Fall berechtigte Sorge um dich selbst. Du baust innerlich Druck auf, indem du deine gesunde innere Stimme ignorierst und dir Ausreden suchst. Dadurch entsteht ein Ungleichgewicht in dir, dein System weiß das, und die Schalter der Mandelkerne kippen auf »Alarm«. Weil du dich aber weiterhin rechtfertigst und möglicherweise nicht ganz ehrlich zu dir selbst bist, können die regulierenden Kräfte nicht wirken, denn du schädigst dich durch dein Verhalten immer weiter. Du bringst dich selbst in Dauerstress, die Gefahr hält immer länger an, und so baut sich ein Konstrukt aus Vermeidungsverhalten auf – der ideale Nährboden für das Gefühl, nicht gut genug zu sein.

Wenn du das, wofür du selbst verantwortlich bist, sei es dein Körper, deine Seele, deine Beziehung, deine Bestimmung auf Erden oder ein Lebenstraum, nicht pflegst und achtest, dann entstehen Nebenschauplätze, in denen du Kontrolle auszuüben versuchst – statt das zu tun, was tatsächlich nötig wäre. Wenn ich zum Beispiel zu viel esse, dann weiß ich, dass ich in meine Sucht nach Nahrung zurückgerutscht bin. Bin ich vernünftig und liebevoll, dann gehe ich zu einem 12-Schritte-Treffen und sorge dafür, dass ich wieder in meine Nüchternheit und Klarheit komme. Es ist aber eine Sucht, das heißt, ich bin gar nicht dazu bereit, wirklich nüchtern zu werden, sondern ich suche nach Wegen, weiter zu »saufen« und dennoch zu funktionieren – also versuche ich, alle anderen Lebensbereiche unter Kontrolle zu halten. Du kannst so weit gehen, zu sagen, dass ich, wenn ich zu viel esse, meinen Müll zwanghaft sortiere – als wollte mein System nun wenigstens alles andere richtig machen, damit nicht noch mehr Schaden entsteht und damit ich einer kosmischen Bestrafung entgehe. Das klingt nicht besonders sinnvoll, oder?

Das Gefühl, nicht gut genug zu sein, bedeutet, dass du dich selbst den ganzen lieben langen Tag bewertest, immer zum Vergleich stehst, mit dir selbst, deinen Vorstellungen über dich (die aus den verschiedensten Anforderungen, die an dich gestellt wurden, entstanden sind) und natürlich auch mit anderen. Du hast durch viele Informationen darüber, wie du sein solltest, ein komplexes Geflecht aus Ideen und Vorstellungen verinnerlicht, die dir alle dabei helfen wollen, im besten Fall dein Leben zu meistern – zumindest aber Schmerz, Scham und Versagen zu vermeiden.

Natürlich sind Ratgeber wie dieser nicht unschuldig an deinem Zustand. Was sollst du nicht alles tun oder lassen! »Wenn du ..., dann ...« heben viele spirituelle Lehrer ihren Zeigefinger, sei achtsam, dankbar und nicht wertend, sag niemals »nicht«, richte deine Baguas ein, bestelle, und wenn das nicht klappt, reklamiere, richte dich geistig aus, und heile deine inneren Themen, erkenne, dass das, was dir von außen geschieht, ein Spiegel für dein Inneres ist – die Liste ist lang, und weil sie sehr überzeugend daherkommt, hast du dir nun ein neues, überraschend rigides Bewertungssystem für dich selbst geschaffen! Auch das New-Age-Bewertungssystem kommt mit den gleichen Androhungen daher wie jede andere Religion – wenn du dich nicht auf diese oder jene Weise verhältst, dann brauchst du dich nicht zu wundern, wenn dir schlimme Dinge passieren, du bist selbst dran schuld.

Einige spirituelle Lehrer sind so überzeugend, dass sie haufenweise Anhänger – nein, Gläubiger! – um sich scharen. Ich erlebe es oft, dass Menschen, wenn sie zum Beispiel unsere Seminare besuchen, ziemlich durcheinanderkommen, wenn sie bei uns andere Aspekte erleben. Es ist, als hätten viele derer, die spirituelle Seminare besuchen, aufgehört (oder noch nie begonnen), selbst zu denken, und sich eine neue »Mutter« oder einen neuen »Vater« gesucht, die oder der ihnen sagt, was sie tun sollen, damit ihr Leben funktioniert.

Ich weiß nicht, wie dein Leben funktioniert. Woher auch? Weiß es überhaupt jemand, und was meint das, »funktionieren«? Du kannst nicht davon ausgehen, dass alles gut wird, wenn du nur genug schöpferisch tätig bist, denn du hast immer noch deine seelischen Anteile, die Bewusstsein erschaffen wollen – und vielleicht stimmt auch das nicht, vielleicht ist das wieder nur eine Erklärung für Leid und Schmerzen, die am Ende völlig unerheblich ist.

Die Frage an dich ist ganz einfach: Bist du dazu bereit, das Leben so, wie es ist, bedingungslos anzunehmen, ohne es zu manipulieren oder zu vermeiden, bist du bereit, deinen Tanz mit dem Leben zu tanzen, indem du deine Fähigkeiten nutzt, schöpferisch bist, aber zugleich erkennst, dass das Leben seinen eigenen Stil hat?

Das, was du durch deinen Perfektionismus zu vermeiden versuchst, nämlich Beschämung, Strafe und Verachtung, fügst du dir bereits längst selbst zu, jeden Tag, immer wieder.

Schauen wir ein bisschen tiefer. Es gibt etwas, was du dir auf gar keinen Fall leisten kannst – Menschen in deiner Umgebung, die deine Selbstverachtung und deine Angst vor Strafe verstärken, indem sie dich beschämen und abwerten. Narzissten, die sich aus eigener tiefer, verborgener Scham so sehr selbst erhöhen, dass sie dich nur so lange in ihrer Umgebung dulden können, wie du kleiner bist, schwächer, bedürftiger als sie. Du wirst perfektionistisch, wenn einer deiner Elternteile oder auch beide zu Großartigkeit und Selbsterhöhung neigten und du ihnen deshalb nie gut genug warst, und so kann es sehr leicht passieren, dass du dir dieses Programm immer wieder anschaust, in der Hoffnung, es endlich heilen zu können.

Doch oft genug bedeutet Heilung, das Energiefeld hinter sich zu lassen. Solange du einen Narzissten um Hilfe bittest und ihn größer sein lässt, ist er großartig, charismatisch, charmant und kümmert sich aufopfernd um dich. Aber wehe, du wirst selbst groß und bekommst einen eigenen Standpunkt, brauchst den anderen nicht, verbittest dir womöglich eine Einmischung ... Dann wird er dich beschämen, verurteilen oder sich irgendwann von dir fernhalten, falls du das nicht schon längst für dich so entschieden hast. Es ist äußerst wichtig, dass du erkennst, ob du einem Narzissten dienst, die Selbstherrlichkeit eines anderen unterstützt, denn du wirst niemals gut genug sein, um in den Augen des anderen etwas zu gelten. Er kann dich nicht auf Augenhöhe aushalten, weil seine Scham so groß ist, dass er sich hinter einem Konstrukt aus Rechthaberei, Großartigkeit und Unnahbarkeit verschanzt. Damit hast du dir einen immerwährenden Kriegsschauplatz um Anerkennung geschaffen. Er hat dir bis genau jetzt als Spiegel gedient.

Aber hier und jetzt muss auf der Stelle Schluss mit Verurteilung und Bewertung von außen sein! Du kannst im Moment noch gar nicht ermessen, WIE schädlich dauernde Verurteilung und Missachtung von außen für dich sind. Natürlich kann es sein, dass sich die Sicht der anderen ändert, wenn du liebevoller mit dir umgehst. WENN du aber liebevoller mit dir umgehst, dann wirst du niemandem mehr erlauben, dich unangemessen zu behandeln. Du setzt einem Alkoholiker auch nicht die Flasche an den Hals, damit er schneller ins Koma fällt, und so anders ist das nicht. Dein Koma ist diese innere Lähmung, diese Depression und diese Lustlosigkeit, das Gefühl von Sinnlosigkeit, weil du deine Freude am Schöpfen durch permanente Kritik verloren hast. »Ja, das sagt sich leicht«, stöhnst du, »wie soll ich das machen? Es sind meine Kinder, meine Mutter, mein Partner, die mich dauernd kritisieren ...«

Entschuldige, aber das ist kein Argument. Dann erst recht nicht. Du kannst dir das einfach nicht leisten. Es wird Zeit, dass du dich wehrst und Respekt forderst. Respekt bekommst du, wenn du den anderen Grenzen aufzeigst und ihnen deutlich machst, dass du auf diese Weise nicht mehr verfügbar bist. Ja, das berührt ganz sicher deine Co-Abhängigkeit. Es genügt nicht, in einem freundlichen Gespräch darum zu bitten, von nun an anders behandelt zu werden. Damit du deinen gelebten Selbstausdruck änderst, braucht es Handlungen, und genau hier benötigst du dein Feuer und deine Schale. Diese Kräfte wissen ganz genau, ob das, was du tust, dem Leben dient oder nicht. Manchmal ist es sehr dienlich, den Raum zu verlassen, wenn dich jemand ungebührlich behandelt, und ja, auch und besonders dann, wenn es dein Partner ist. Er sagt doch, dass er dich liebt, oder? Dann darf er sich auch so verhalten, oder es wird Zeit, dass du den Raum verlässt.

Auch deine Kinder haben nicht das Recht, dich zu beschämen. Es ist so eine seltsame Unsitte, dass Kinder sich für ihre Eltern schämen dürfen. Das geht nicht – außer, sie haben recht! Du stellst das Essen auf den Tisch, du bist diejenige oder derjenige, die oder der das Geld nach Hause bringt und sie versorgt. Du hast ausdrücklich das Recht, ihnen deutlich und eindeutig zu zeigen, dass du nicht zulässt, dass sie sich für dich (deine Kleidung, die Art, was du tust und wie du es tust) schämen. Du kannst nicht ermessen, was das mit deinem eigenen inneren Kind macht – und wie sehr es deinen Kindern schadet.

»Aber wie soll ich sie daran hindern?«, fragst du. Indem du es deutlich machst und damit aufhörst, dich selbst zu verurteilen. Indem du dich in deine Schale oder in dein Feuer hineinstellst.

Kinder zeigen uns sehr deutlich, auf welche Weise wir uns selbst gering schätzen, sonst kämen sie gar nicht darauf, dich zu verachten oder dich verächtlich zu behandeln. Kinder wollen ihre Eltern achten und lieben, sie wollen Vorbilder, und sie lernen durch Nachahmung. Irgendwann brauchen und wollen sie die Abgrenzung und greifen zu mehr oder weniger drastischen Mitteln, doch immer gibt es den Teil in ihnen, der Halt und ein stabiles Vorbild braucht. Beschämen sie dich, dann fehlt ihnen der Halt, den sie in dir suchen.

Wenn Kinder verächtlich sind, dann meistens, weil sie es von einem Elternteil oder auch beiden vorgelebt bekommen. So schau bitte, ob du deinem Partner oder deinen Kindern gegenüber genauso handelst, oder ob du deinem Parnter erlaubst, dich herabzuwürdigen. Du schadest deinen Kindern damit wirklich, und ihre Beschämung ist oftmals Ausdruck ihrer Verzweiflung, weil du so mit dir umgehen lässt. Das soll dir keine Schuldgefühle machen, sonst fühlst du dich ja wieder nicht gut genug. Aber an dieser Stelle ist echtes Hinschauen wichtig, denn es gibt »Ich fühle mich nicht gut genug«, und es gibt »Ich muss mich an dieser Stelle weiterentwickeln«. Das schreibt sich leicht, ja. Aber schon die Idee, es sei in Ordnung, sich beschämen zu lassen, ist sehr ungesund, denn was lernen deine Kinder dadurch?

»Sag mal, Frau Hühn«, fragst du womöglich, »hast du eigentlich Kinder, weißt du, wovon du redest?« Nein. Ich habe keine Kinder. Aber ich war mal ein Kind, und ich weiß sehr genau, wie unbefriedigend und beängstigend es ist, wenn sich ein Elternteil beschämen und verurteilen lässt, statt mir als Kind zu zeigen, dass die Eltern das Sagen haben und genau wissen, was sie tun. Ich habe Nichten, die schon probiert haben, mich für meine Schuhe zu maßregeln, und ich werde so etwas nie und nimmer erlauben. Ernsthaft, ich war wirklich erstaunt darüber, wie sich jemand erdreisten kann, meine Wahl anzuzweifeln, als hätte ich um eine Stellungnahme gebeten.

In dem Moment, in dem du dich ganz selbstverständlich und verwundert über die Unverschämtheit dieser Kritik abgrenzt, bekommst du sofort den Respekt, der dir zusteht, den Respekt, den du als selbstverantwortliches Wesen auf dieser Erde verdienst. Natürlich wirst auch du niemals dein Kind beschämen und dich in Fragen einmischen, die dich nichts angehen! Denn auch dein Kind hat Respekt und Achtung verdient, das steht ja außer Frage, oder? Sonst erschaffst du nur einen neuen Spiegel. Die Themen allerdings, die uns als Eltern etwas angehen, beantworten wir in aller Aufrichtigkeit und voller Verantwortungsbewusstsein, soweit das in unserer Macht steht. Falls du überfordert bist und allein nicht weiterweißt, gibt es jede Art von Beratungsstelle für deine Not. Es ist immer richtig, sich Hilfe zu suchen, wenn es um Kinder geht.

Ich bin, wie gesagt, keine Mutter, zumindest keine mit einem sichtbaren Kind, aber ich war eben auch mal eins, und ich kenne mein inneres Kind. Mein inneres Kind schämt sich heute noch dafür, dass ich damals meine Mutter beschämt habe, und es versucht, das wiedergutzumachen – das wiederum nimmt mir die Möglichkeit, in Frieden meine eigenen Grenzen zu wahren. Tu das deinen Kindern nicht an! Verwehre ihnen die Möglichkeit, dich zu beschämen und sich selbst dafür später wirklich schlecht und schuldig zu fühlen. Wenn du ihnen erlaubst, dich zu verletzen, weil du keine Grenzen aufzeigen kannst und willst, dann tragen sie schwer an dem Unrecht, das sie dir zufügen.

Zum Wohle deiner Kinder darfst du ihnen nicht erlauben, dich verächtlich zu behandeln, denn sie brauchen dich als Halt, als Vorbild, als jemanden, der ihnen Stabilität und eine vernünftige Weltsicht vorlebt und anbietet. Lässt du dich verachten, dann sind sie stärker als du, und das schadet Kindern tief. DU hältst den Raum, und sie testen, ob er stabil ist, weil sie ihn brauchen. Knickt er ein, dann kennen Kinder kein Halten mehr. Denn sie wollen, brauchen und suchen deinen Widerstand, den Halt, die Grenze, an die sie sich anlehnen können.

Natürlich sind Kinder meistens Spiegel für das, was du dir gefallen lässt, oft leider besonders vom Partner. Gleichermaßen sind sie Spiegel dafür, wie du mit ihnen umgehst. Egal was du predigst, du weißt selbst, dass Kinder das tun, was du tust, nicht das, was du sagst. Viele Kinder fordern ihre Eltern heraus, weil sie erkennen (bzw. unbewusst spüren), dass in der Beziehung etwas schiefläuft, dass ein Elternteil ungebührlich behandelt wird oder er andere beschämt und herabwürdigt. Oft geschieht das so unterschwellig, so passiv-aggressiv, dass wir Erwachsenen es selbst nicht merken. Schau, wie sich deine Kinder verhalten, dann weißt du, was dein eigenes inneres Kind fühlt, zumindest lohnt es sich, nach innen zu fragen, wie es deinem inneren Kind geht.

Kinder wollen ihre Eltern stark und gesund sehen und lassen sie genau spüren, in welcher Hinsicht Energie fehlt. Nicht nur als Spiegel. Sondern aus Not. Sie brauchen dich. Wenn dich deine Kinder also beschämen oder sich für dich schämen, dann schau genau hin, ob du Erwachsenen in deiner Umgebung erlaubst, dich zu missachten – und schau noch genauer hin, ob deine Kinder einen Grund dafür haben, ob sie spüren, dass du dich auf für dich selbst ungesunde und schädigende Weise verhältst! Damit verängstigst du deine Kinder sehr, denn dann bist du selbst der Erwachsene, der dich missachtet, und das bringt deine Kinder in echte Schwierigkeiten. Ich erlebe zum Beispiel oft genug an der Kasse, wie sich Kinder abwenden, wenn ihre Eltern Zigaretten ziehen, wie sie versuchen, etwas dazu zu sagen, und letztlich einfach durchaus berechtigte Angst vor den Folgen des Rauchens haben. (Entschuldige, dass ich auf dem Rauchen herumreite, nimm es bitte als meine Unfähigkeit, mir genügend unterschiedliche Verhaltensweisen einfallen zu lassen. Ich nehme das Rauchen, um etwas zu zeigen, aber natürlich gibt es unzählige schädigende Verhaltensweisen, teilweise sehr viel schlimmere.)

Manchmal kannst du es nicht so schnell ändern, sonst hättest du es ja längst getan. Du kannst ihnen aber sagen, dass dir das bewusst ist. Und du kannst sie um Vergebung dafür bitten, dass du ihnen nicht immer das geben kannst, was sie brauchen. Wenn wir etwas nicht oder noch nicht ändern können, dann können wir dennoch die Verantwortung für unser Verhalten übernehmen und die, die wir schädigen, seien wir es selbst oder andere, um Verzeihung bitten. Das ist allerdings kein Freifahrtschein, nun immer weiterzumachen!

»Manchmal muss ich dir Grenzen setzen, und auch das tue ich, weil ich dich liebe« ist ein hier sehr passender Lösungssatz, eine gute Elternbotschaft aus der, wie ich finde, hervorragenden Arbeit von Vatika Jakob[2]. Im Übrigen ist das ein Satz, den wir durchaus ab und an auch zu uns selbst sagen dürfen:

---

2 http://www.surya-institut.ch und http://www.vatika.ch (04.09.2012)

Bei diesem Schritt ist es wichtig, wirklich ehrlich zu sein, denn du beginnst, aufzuräumen, zu unterscheiden, in welchen Bereichen du tatsächlich »nicht gut genug« bist, also dich nicht so um deine Angelegenheiten kümmerst, wie es angemessen wäre, und in welchen Bereichen du loslassen und dich entspannen darfst.

Vieles von dem, was dir Angst macht, sieht ganz anders aus, wenn du dich um das, was du wirklich in deine Hände nehmen solltest, zu kümmern beginnst. Warum ist das so? Wenn du dich in wichtigen Lebensbereichen von dir selbst abwendest und deine Energie wenig oder gar nicht fließt, dann weißt du das. Dann weiß dein Mandelkern, dass Mangel herrscht, einfach weil es stimmt. Also schlägt er Alarm, versetzt dich in Angst. Weil du aber wie wir alle ein Verdrängungskünstler bist (das bist du, sonst hättest du vieles womöglich nicht überlebt), ignorierst du diese Alarmzeichen – deine beiden Mandelkerne aber hören nicht auf, bildlich gesehen rot zu blinken. Also versuchst du, alles irgendwie richtig zu machen, damit endlich Ruhe im Kopf herrscht. Doch jetzt weißt du, wenn du dich deinen wesentlichen Themen verweigerst, dann wirst du dich auch nicht wahrhaft entspannen können. Natürlich ist es gleichermaßen notwendig, zu erkennen, in welchen Bereichen du dich den Rhythmen von Mutter Erde anvertrauen darfst, in welchen Bereichen Loslassen eine gute Idee ist. Wenn du dich nie gut genug fühlst, dann kannst du nicht mehr unterscheiden, wo dein voller, tatkräftiger Einsatz gefragt ist und wo liebevolle Achtsamkeit und Loslassen gebraucht werden.

Aber weißt du was? Du brauchst es auch nicht zu wissen, nicht auf diese perfekte Art, mit der du dein Leben so gern meistern würdest. Es genügt, wenn du jeden Tag immer wieder neu entscheidest, worauf du deine Lebenszeit, wohin du deine Lebenskraft, deine Liebe und deine Aufmerksamkeit richten willst und worauf bzw. wohin nicht.

Es kann gut sein, dass du einen Aspekt abgespalten hast, der dir nun fehlt. Dieser Anteil möchte gesehen werden und entweder als gesunde, kraftvolle Energie in dein Leben integriert oder liebevoll zurück in sein Licht geschickt werden. So biete ich dir nun eine Meditation an, die dir bewusst machen will, was dir noch fehlt, um wahrhaftig und voller Selbstvertrauen deinen eigenen Weg gehen zu können:

Abgespaltene Seelenaspekte zurückholen

Entspanne dich, atme ein paar Mal tief durch, und erlaube dir, die folgenden inneren Bilder in deiner Fantasie zu erschaffen, sie zu fühlen oder auf andere Weise wahrzunehmen. Es kann sinnvoll sein, dass du dir diese Meditation vorlesen lässt.

Du brauchst in diesem Raum niemandem zu gefallen, für niemanden zu sorgen und es niemandem recht zu machen. Du bist hier ganz und gar nur für dich, so erlaube dir jetzt, mit allem, was berührt worden ist, da zu sein, sei es körperlich, emotional oder geistig. Sei da mit dem, was gerade ist, und lass es für einen Moment einfach sein, wie es gerade ist, egal ob es dir gefällt oder nicht. Erlaube auch deinem perfektionistischen Anteil, da zu sein.

Vor deinem inneren Auge entsteht ein Tor, das du durchschreitest, wie du es schon oft geübt hast oder wie es jetzt, heute, hier für dich ganz neu ist. Du gehst durch dieses Tor hindurch, wie immer es auch aussehen mag. Hinter diesem Tor befindet sich ein Weg, ein Weg, der dich nach unten oder nach oben führt, ein Weg, der abfällt oder ansteigt. Und es fällt dir ganz leicht, diesen Weg entlangzugehen.

Während du diesen Weg entlanggehst, hältst du Rückschau auf dieses Leben, das du bisher als Mensch in diesem Kör-

per gelebt hast. Dir wird bewusst, was du alles erreicht hast, was du alles verwirklicht hast, wie viel deiner Seelenkraft tatsächlich hier auf der Erde in Wechselwirkung mit dem steht, was dir begegnet, wie viel du von dem, was dich ausmacht, hier tatsächlich auf die Erde bringst, in Wort, in Tat, auch als innere Haltung. Und du erinnerst dich: Du bist auf die Erde gekommen, damit deine Seelenkraft in Austausch kommt mit anderen, mit all den Erfahrungen und der Materie. Du wolltest wissen, wie es sich anfühlt, wie es aussieht, was für ein Bewusstsein entsteht, wenn deine Lichtkraft mit diesem so ganz anderen Pol, dieser ganz anderen Energie in Kontakt kommt, sich durch sie ausdrückt – und in vielen Bereichen deines Lebens ist dir das sicherlich wundervoll gelungen. Du bist erfüllt. Vielleicht ist es nicht immer so leicht, wie du es gern hättest, aber du spürst, ja, es ist deine Kraft, die du hier auf der Erde in Form, in Wort, in Handlung bringst.

Der Weg führt dich immer tiefer hinab oder immer weiter nach oben, und jetzt wird dir bewusst, in welchem Lebensbereich du deine Energie noch nicht in Austausch mit der Erde gebracht hast, jedenfalls nicht erfüllend. Vielleicht hast du dich von einigen Anteilen auch völlig abgespalten, lebst sie einfach gar nicht, um nicht in Schwierigkeiten zu geraten, und das kann vollkommen in Ordnung sein, wenn du damit in Frieden bist.

Auf einmal bemerkst du am Wegesrand eine Gestalt. Dein Weg führt dich zu dieser Gestalt hin. So gern du womöglich auch an ihr vorbeigehen würdest – du spürst, hier und jetzt ist es wichtig, dass du dir diese Gestalt anschaust.

Und so bleibst du stehen und nimmst wahr, wie es dir geht, wenn du erkennst, dass diese Gestalt der Anteil deiner selbst ist, der sich womöglich sehr anstrengt, der mutlos geworden ist, hoffnungslos, erstarrt, der gar nicht weiß, wer er eigentlich ist, was er auf der Erde will oder soll. Es ist der Teil in dir, der unerfüllt ist, nicht im Fluss oder auf dem Weg, sondern der am Wegesrand sitzen geblieben ist, der nicht weiß, ob er wieder nach Hause gehen will oder den Weg zu Ende gehen möchte.

Es ist dein eigenes verletztes Selbst, das hier sitzt, sehr machtvoll und präsent oder klein und beschämt. Schau dir einfach an, wie es ist, losgelöst von deinen Vorstellungen. Lass dich berühren von diesem Anteil, der sehr privat sein kann, aber auch mit dem Kollektiv in Verbindung stehen kann. Setz dich zu ihm, und sag ihm: »Ich weiß im Moment auch keine Lösung. Aber du gehörst zu mir, und ich sehe dich.«

Genau jetzt ruf bitte deine Schutzengel oder dein Krafttier, und frag, was du für diesen Teil tun kannst. Vielleicht ist er zutiefst entmutigt. Vielleicht ist die Zeit, für das, was er brin-

gen will, noch nicht reif, vielleicht ist es nicht die richtige Dimension, nicht der richtige Planet. Du spürst womöglich, dass das, was dieser Anteil hier wollte, auf der Erde nicht funktioniert, nicht auf die Weise, wie du dir das gewünscht oder vorgestellt hast. Das macht nichts. Lass dir jetzt bitte Zeit zu verstehen, was dieser Anteil braucht, was er will, und hör ihm zu. Bleib da. Bleib in Kontakt mit ihm.

Während du in tiefem Kontakt bist, bemerkst du auf einmal eine zweite Gestalt. Diese zweite Gestalt kommt auf dich zu, du erkennst, sie ist der gleiche Anteil – in seiner erlösten Form, voller Kraft, voller Freude, voller Licht, irdisch oder eben nicht – so, wie du wärst, wenn du erfüllt wärst. Und indem du diesen Aspekt jetzt in seiner erlösten, erfüllten Form fühlst, kannst du erkennen, welchen Weg du gehen darfst. Was eventuell fehlt, was zu viel ist.

Immer mehr nähert sich nun der erlöste Anteil dem unerlösten an, und du erkennst, du spürst den Unterschied – vielleicht wird dir dadurch einiges klar ...

Nun beginnen die beiden Aspekte, miteinander zu kommunizieren oder gar zu verschmelzen. Während das geschieht, verstehst du, wozu es nötig war, diesen Bereich auf unerfüllte Weise zu leben, so lange nicht zu wissen, wer du bist, deine ureigene Kraft nicht so auf die Erde bringen zu können, wie es zu dir gehört und zu dir passt. Ein neues Bewusstsein entsteht in dir. Jetzt erkennst du womöglich, dass die Zeit noch nicht reif war. Vielleicht hattest du Vorstellungen, die nicht damit übereinstimmten, wie sich diese Kraft auf der Erde leben lässt, vielleicht waren deine Emotionen zu sehr daran gebunden, diesen Bereich tatsächlich in die Tat umzusetzen und auf eine bestimmte Weise zu leben. Manchmal wollen wir etwas zu sehr, und das zeigt, dass wir zu stark damit identifiziert sind. Wir vergessen darüber ganz, dass wir in Wahrheit freie, geistige Wesen sind.

Immer mehr wird das Wesen am Wegesrand jetzt zu einem kraftvollen Teil deines Selbst, und du spürst, es gehört zu dir. Und irgendwann ist es ganz selbstverständlich, dass dieser Anteil aufsteht und den Weg mit dir zusammen weitergeht, dahin, wohin der Weg euch eben führt. Und es ist, als hättest du ein Stück von dir selbst zurückbekommen. Du brauchst noch lange nicht zu wissen, wie sich dieser Anteil in die Tat, ins Leben umsetzen lässt, aber er gehört wieder zu dir, ist Teil von dir, Teil deiner Erfahrungen, und er begleitet dich. Und jetzt geh einfach deinen Weg weiter, so, wie er eben ist, mit allem, was zu dir gehört ...

Komm, wenn du so weit bist, in diesen Raum zurück, und nimm dir die Zeit, aufzuschreiben, was du erlebt hast.

Vielleicht wird dir jetzt immer klarer, warum du im Perfektionismus gelebt hast. Du kannst dein Leben nun Stück für Stück zu dir zurücknehmen und die Dinge auf deine Art tun oder sein lassen.

Darf ich dir noch eine Frage stellen? Was ist dein Gewinn? Was vermeidest du, indem du deinen Perfektionismus vorschiebst?

Ich lade dich dazu ein, dich selbst zu überprüfen, indem du diesen Satz vervollständigst:

»Mein Perfektionismus schützt mich ...«

... vor Beschämung.
... vor dem Versagen.
... vor Strafe.
... vor Mittelmäßigkeit.
... davor, wirklich die Verantwortung für mein Leben zu übernehmen.
... davor, zu erkennen, dass ich in wichtigen Lebensbereichen wegschaue, statt zu tun, was nötig ist.
... vor Enttäuschung – ich fange nämlich gar nicht erst an, meine Träume in die Tat umzusetzen ... (!)

Es hat einen Sinn, dieses Muster, und es ist wichtig, diesen Sinn zu erkennen. Denn nur dann kannst du die Verantwortung dafür übernehmen, all das, wovor dich das Muster schützen will, zu riskieren und in Kauf zu nehmen.

Ich bitte dich, nimm dir wirklich Zeit für diesen Schritt, und schreib deine Inventur, damit dir bewusst wird, wozu dir das Muster dient und was es in deinem Leben anrichtet. Es gibt üblicherweise keine perfekte Art, Dinge zu tun (wenn du nicht gerade Herz-Thorax-Chirurg bist), und es ist wichtig, dass du dir das immer wieder vor Augen hältst. Es gibt nur deine Art, die du so gut, wie du es kannst, in die Tat umsetzt. So gut, wie du es kannst – das bedeutet schon, dass du dein Bestes geben sollst und darfst. Ehrlich gesagt auch musst. Denn wir sind ja hier, um wirklich etwas zu bewegen. Aber nur das, was durch uns bewegt werden soll.

Verstehst du – wenn du damit aufhören willst, perfektionistisch zu sein, dann ist es sehr hilfreich, in den für dich wichtigen Bereichen deines Lebens so gut wie möglich zu werden.

Das klingt wie ein Widerspruch, es ist aber keiner. Denn wenn du unter deinen Möglichkeiten lebst, dann weiß das deine Seele. Dein Hohes Selbst weiß es. DU weißt es. Und du wirst mit Recht unzufrieden mit dir selbst sein – ein idealer Auslöser für noch mehr Perfektionismus, Müdigkeit, mangelnden inneren Antrieb, den du durch Druck und innere Anspannung auszugleichen versuchst.

Hier eine kurze, aber sehr effektive Übung:

Dein Perfektionismus-Regler

Stell dir vor, du hast in dir einen Drehknopf, eine Art
Lautstärkeregler, der deinen Perfektionismus kontrolliert.
Schließ deine Augen, und schau dir diesen Schalter, die-
sen Drehknopf, an. Stell ihn dir einfach vor. Die maximale
Perfektionismus-Lautstärke liegt bei zehn – bei welchem
Wert bist du? Und jetzt dreh die Lautstärke leiser. Dreh den
Regler auf eins oder zwei – wenn du kannst, gar auf null.
Dann stell dir einen zweiten Regler vor, den Regler deiner
Lebensfreude und deiner Schöpferkraft. Wo steht er? Dreh
ihn bitte hoch, so weit, wie es dir möglich ist. Wenn nötig,
dann klemm die Schalter fest, es kann sein, dass sie immer
wieder zurückrutschen.

Diese Übung kannst du immer wieder machen, so oft wie
nötig. Mit der Zeit gewöhnst du dich an ein verändertes
Energieniveau.

Kauf dir im Baumarkt einen Dimmschalter, damit du etwas
zum Anfassen hast, und trag ihn bei dir, dann kannst du
diese Übung ganz bewusst und sichtbar immer wieder
durchführen!

Und dann gibt es noch das innere Kind ... Gestern habe ich ein Holztor gestrichen. Es ist mein Tor, es geht also wirklich niemanden etwas an, wie es aussieht. Und dennoch konnte ich mich fast nicht überwinden, zu beginnen, weil ich wusste, dass mein bestes Streichen längst nicht gut genug war. Mein bestes Streichen würde bedeuten, dass dieses Tor dann am Ende eine Menge Farbnasen haben würde, es wäre laut Mietrecht nicht fachgerecht, und wäre es ein gemietetes Tor, dann könnte mich der Vermieter dafür belangen. Mein Vater würde mich verächtlich ansehen, zumindest befürchtete das mein inneres Kind, selbst wenn das gar nicht stimmte.

Ich kann es einfach nicht gut genug. Das entmutigt mein inneres Kind zutiefst, denn ich gebe wirklich mein Bestes, und mir macht Streichen großen Spaß – wenn es nicht gut werden muss. Ich mag es nicht, wenn mir dann jemand sagt: »Doch, du kannst das, ich traue es dir zu!«, denn ich will auch mal was nicht gut können und es dennoch tun. Sporn mich nicht an, das macht wieder Druck, es ist für mich ein echtes Geschenk, nicht gut sein zu müssen und es einfach dennoch zu machen.

Was lerne ich daraus? Ich brauche Freiräume, in denen ich nicht gut sein muss, sondern einfach nur so gut, wie ich es eben bin, ich brauche die Freiheit, mich auszuprobieren. Dadurch entspanne ich mich. Ich habe Lebensbereiche, in denen ich mein Allerbestes geben will, weil ich die Verantwortung dafür trage und/oder dafür bezahlt werde, und Lebensbereiche, in denen ich meine Fähigkeiten ausprobieren darf, weil es nicht so sehr darauf ankommt – Bereiche zum Spielen. Kreativität fließt nur, wenn du deine Schalter nach vorn gelegt hast. Die Angst davor, nicht gut genug zu sein, kippt sie wieder nach hinten. Das innere Kind muss spielen dürfen, ohne gut sein zu müssen, es braucht Raum, umso mehr, wenn du in anderen Bereichen viel Verantwortung trägst und dein Bestes gibst.

So unterscheide ganz genau, in welchem Lebensbereich du auf welche Weise gefordert bist. Nicht überall musst du dich beweisen, es gibt auch in deinem Leben Raum für Kreativität und Spiel. Und wenn nicht, dann wird es wirklich Zeit dafür.

Dazu hier eine Meditation, ein inneres Bild, mit dem du gut für dein inneres Kind sorgen kannst – denn wenn wir perfektionistisch sind, dann haben wir als Kind gründlich gelernt, dass wir nicht gut genug waren, um geliebt zu werden. Mehr wollten wir nicht, als wahrgenommen und geliebt werden, doch dazu mussten wir uns auf jeden Fall auf eine bestimmte Weise verhalten und auf eine andere Weise auf gar keinen Fall. Vielleicht wusstest du nicht einmal, was du »falsch« gemacht hast, dann hast du dir, wie ich es weiter oben beschrieben habe, ein eigenes Regelwerk zusammengebastelt – letztlich will es dich nur davor schützen, vernichtet zu werden.

Schützen wir also unser inneres Kind, denn sonst haben wir keine Chance, aus diesem ewig gleichen Selbstbestrafungskreislauf auszusteigen. Wir selbst halten das Schwungrad unseres Perfektionismus am Laufen.

Mach es dir bitte ganz bequem, und schließ deine Augen, nachdem du den folgenden Text gelesen hast. Vielleicht möchtest du ihn dir auch vorlesen lassen.

Sicherheit für dein inneres Kind

Vor deinem inneren Auge entsteht ein Tor. Durchschreite es, und bitte dann das Krafttier deines inneren Kindes zu dir, selbst wenn du gar nicht weißt, was ein Krafttier ist. Bitte es zu dir mit folgendem Satz: »Ich bitte das Krafttier meines inneren Kindes, sich jetzt zu zeigen. Es braucht dich.« Sei bitte ganz und gar unvoreingenommen, und nimm wahr, was sich zeigt – klar und deutlich oder schemenhaft, als Bild, als inneres Wissen, als Geistesblitz.

Schau dir das Krafttier an, und frag es, ob es etwas braucht – was immer es ist, gib es ihm bitte. In dieser inneren Welt ist alles möglich, und alles hat seinen Sinn, selbst wenn es dir merkwürdig erscheinen mag. Dann bitte das Krafttier darum, dir zu zeigen, welche Energie es dem inneren Kind zur Ver-

fügung stellen kann, was es ihm schenken kann, und nimm auch das bitte unvoreingenommen und wertfrei so hin, wie es ist. Das Krafttier weiß, was dein inneres Kind braucht.

Und dann bitte darum, dass sich dir eine Situation aus deiner Kindheit zeigt, in der der Same für deinen Perfektionismus gelegt wurde, eine Situation aus deiner Kindheit, in der die Ursache liegt für dein Gefühl, nicht gut genug zu sein. Es mögen viele Situationen sein, lass einfach eine erscheinen, sie spiegeln sich letztlich nur selbst immer wieder. Lass bitte zu, dass sich etwas zeigt, auch wenn du keinen offensichtlichen Zusammenhang mit deinem heutigen Thema herstellen kannst; die Wege des Mandelkernes sind verschlungen und manchmal unbegreiflich, ergeben aber immer Sinn. Lass einfach kommen, was jetzt auftauchen will, und schau dir an, wie du als Kind in dieser Situation bist – hilflos, überfordert, erstarrt.

Lass dich ganz genau spüren und anerkennen, wie die Verdrehung, die Entmutigung, der Schock in dir angelegt wurden. Und dann schicke bitte das Krafttier in diese Situation hinein, und stell es dem inneren Kind zur Seite. Wenn du kannst, dann geh selbst als Erwachsener dazu, nimm das Kind in den Arm, und sag ihm: »Ich sehe dich, ich höre dich, und ich nehme dich wahr. Deine Bedürfnisse sind mir wichtig.«

Nimm das Kind in den Arm, halte und tröste es. Dann geh bitte zu den Erwachsenen, die es in diese Situation gebracht haben, den Eltern, Großeltern, Lehrern, und sag ihnen: »Ich nehme dieses Kind jetzt in meine Obhut, ich übernehme die Verantwortung, und ich lasse nie wieder zu, dass es auf diese Weise beschämt oder verletzt wird.« Und dann frag es, ob es mit dir kommen will, zusammen mit dem Krafttier.

Ihr verlasst den Raum und geht zusammen einen wunderschönen Weg entlang, der euch zu einem großen Tor führt. Vor dem Tor steht ein Wächter, und er öffnet dir bereitwillig das Tor, denn er kennt dich. Gemeinsam tretet ihr ein – und befindet euch im schönsten Zaubergarten, den du dir überhaupt nur vorstellen kannst. Ein überirdisch schöner Ort voller Licht, Kraft und Lebendigkeit. Augenblicklich entspannt sich dein inneres Kind, und alles, was es für andere getragen hat, fällt von ihm ab. Hier in diesem Zaubergarten findet es alles, was es braucht, um sich frei und glücklich entfalten zu können: Ruhe, Geborgenheit, Freiheit, Abenteuer und Liebe.

Ein großes, sehr vertrauenerweckendes Lichtwesen kommt auf dich zu und sagt dir: »Ich hüte diesen Ort, und wann immer du dich in einer für dich schwierigen oder angespannten Situation befindest, übergib mir dein inneres Kind. Hier ist es zu Hause, hier kann es sich ganz frei entfalten und sich in aller Geborgenheit selbst ausprobieren. Dieser Ort ist in deinem Herzen, so ist dein inneres Kind immer bei dir.«

Du verstehst, dass du natürlich so viel Zeit mit deinem inneren Kind verbringen kannst, wie du willst, aber wenn du Freiraum brauchst, weil du in deinem Leben als Erwachsener Herausforderungen zu meistern oder auch unangenehme Aufgaben zu erledigen hast, dann weißt du nun, auf welche Weise du für dein inneres Kind sorgen kannst – und du hast die Hände frei, um deinen Erwachsenenaufgaben nachzugehen.

Wann immer du Raum brauchst und funktionieren musst, weil du nun mal die Verantwortung für dein Leben trägst und es meistern möchtest, schicke dein inneres Kind in den Zaubergarten. Wann immer es Angst davor hat, nicht gut genug zu sein, schicke es zum Spielen, und erledige du die Aufgaben, so gut du es kannst, in aller Liebe und Sorgfalt – aus Liebe zum Leben, nicht aus Angst vor Bestrafung.

Ein sehr suchtauslösendes Verhalten liegt vor, wenn du dir zu viel Verantwortung aufbürdest. Unterschätze bitte nicht, was es bedeutet, Verantwortung zu tragen, selbst wenn du vergleichsweise wenig im Außen zu tun hast. Gerade gestern sprach ich mit einer Bekannten, die völlig übermüdet ist, kurz vor dem Burnout steht, weil sie sich um zu viele Projekte und Lebensbereiche kümmern muss. Sie hat sich viel aufgeladen, weil sie von sich erwartet hat, all das zu schaffen, doch sie hat erkannt, dass sie zu viele Feuer am Brennen halten muss. Die Anerkennung, die sie für ihren riesigen Einsatz erhält, gleicht den Energieverlust, den sie erleidet, weil sie sich überfordert, nicht aus.

Du wirst abhängig von Anerkennung, wenn sich der Lebensbereich, in dem du dich überforderst, nicht aus deiner eigenen Kraft und Freude heraus trägt. Und du weißt selbst, wie enttäuschend es ist, wenn diese Anerkennung ausbleibt, denn dann stehst du mit leeren Händen da. Wähle sorgfältig aus, welche Lebensbereiche du bedienen willst und welche nicht. Ich weiß, das schreibt sich leicht. Einige Lebensbereiche musst du bedienen, ob dir das gefällt oder nicht. Wir alle müssen für uns selbst sorgen, Geld verdienen, unsere Wohnungen in Ordnung halten und für unsere Familien da sein. Aber sei sicher – wenn du deine eigenen Energien entwickelst, wenn du in deine eigene Kraft kommst, dann kannst du gut unterscheiden, wohin diese Kraft frei und leicht fließen will und wohin nicht. Noch mal: Ich weiß, das sagt sich leicht. Wir tragen die finanzielle Verantwortung für uns und unsere Familie, und das ist oft zu viel. Es ist kein Wunder, dass du dich nicht gut genug fühlst, die Anforderungen sind einfach höher als dein eigenes Energieniveau.

So bitte ich dich, deshalb erst recht ganz genau zu unterscheiden, welche Anforderungen dir das Leben stellt, welchen du

zugestimmt hast, und welche Aufgaben nicht mehr zu dir passen.

Wir haben genug Kraft für das, was wirklich zu uns gehört. Aber für das, was wir für andere tragen oder tun, weil wir glauben, es tun zu müssen, reicht unsere Energie oft nicht. Schon gar nicht reicht unsere Energie dafür, die Suche nach Anerkennung zu befriedigen! Wenn du vieles tust, um nach außen hin gut dazustehen, dann fehlt dir die Kraft für das, was dich wirklich nährt und trägt. Du wirst immer abhängiger von deiner Außenwirkung, weil sie dir vermeintlich Energie gibt, doch innerlich trocknest du aus und fühlst dich hohl und ausgebrannt. Überprüfe besonders deine Statussymbole – und damit meine ich nicht nur ein großes Auto, auch eine bestimmte Art zu denken und zu fühlen, sogar der Perfektionismus selbst kann ein Statussymbol sein!

Gib vor dir selbst deine Suche, deinen Hunger nach Anerkennung zu, damit du diese nach außen gerichtete Energie zu dir zurücknehmen kannst.

Die folgende innere Reise will dir dabei helfen, loszulassen und zu erkennen, was wirklich zu dir gehört und was nicht. Lies sie bitte zunächst neutral durch, und schau dann ehrlich nach, ob du sie allein durchführen möchtest. Wenn nicht, dann bitte einen Menschen deines Vertrauens darum, sie dir vorzulesen und bei dir zu sein, während du dich auf diese Reise begibst.

Noch eines: Du brauchst nicht an Reinkarnation zu glauben, um diese Reise zu machen, ich biete dir innere Bilder an, die durchaus auch im Kollektiv entstanden sein können und die dennoch ganz persönlich in dir präsent sind und Wirkung zeigen. So lass dich nicht beirren, wenn ich von »vergangenen Inkarnationen« spreche, nimm die Bilder einfach als Möglichkeit dafür, auch das, was du für deine Ahnen oder das Kollektiv trägst, loszulassen.

 Altes loslassen

Schließ bitte die Augen, nachdem du den Text gelesen hast, und stell dir vor, du gehst durch ein Tor. Dieses Tor führt dich in eine wundervolle Landschaft, in der du dich entspannen kannst. Du ruhst dich aus und tankst neue Kraft. Irgendwo findest du eine ganz besonders schöne Stelle, und du setzt dich, lehnst dich vielleicht an einen Baum oder an einen Felsen, und du kommst zur Ruhe. Während du tief durchatmest, erkennst du, wie sehr du dich anstrengst, wie sorgfältig du das Bild, das du nach außen abgibst, pflegst und kontrollierst.

Und auf einmal fühlt es sich an, als wäre dieses Bild wie ein Hemd, wie ein Gewand, das du ausziehen könntest. Du hebst es an und streifst es ganz einfach ab. Sofort spürst du Erleichterung. Unter diesem Gewand entdeckst du ein zweites – das Bild, das du nach innen abgibst, das, was du dir selbst zu fühlen erlaubst, das Gewand, das du vor dir selbst trägst. Auch dieses streifst du ab, und du spürst, dass es Zeit wird für einen echten Neubeginn. Du erkennst, dass du auch unter dieser Schicht eine weitere trägst – und du streifst sie ab. Und dann die nächste. Jedes Mal, wenn du dich selbst kontrolliert und anders gehandelt hast, als du dich gefühlt hast, jedes Mal wenn du dir selbst ein Gefühl eingeredet oder dir ein anderes nicht erlaubt hast, ist eine Schicht entstanden.

Es gibt Schichten, die sich gar nicht gut anfühlen – streif sie alle ab. Es gibt aber auch Schichten, die dir sehr gut gefallen, die du sorgfältig gezüchtet oder an denen du lange gearbeitet hast – streif auch diese Gewänder ab. Egal ob sie dir gefallen oder nicht – streif nach und nach immer mehr Gewänder ab. Besonders das Büßergewand, die Schandmaske und das Gewand, das du getragen hast, als du für deine Vergehen in einer vergangenen Inkarnation zum Schafott oder zum Scheiterhaufen geführt wurdest. Streif die Schicht ab, die in jener Inkarnation entstand, in der die Ursache für deinen Perfektionismus gelegt wurde, du brauchst sie nicht zu kennen, deine Absicht genügt. Streif die Kriegerrüstung ab und das Priestergewand, das härene Hemd Jesu und auch dieses glänzende, seidige Gewand, mit dem du dich als Engel fühlst.

Streif nach und nach alle Schichten ab, alles, womit du dich je identifiziert hast, auch die Schichten, die dir gefallen und die sich gut anfühlen. Du weißt nicht, ob sich darunter nicht doch noch eine Rüstung verbirgt ... Streif die Schichten derer ab, die es immer allen recht machen, und derer, die alles im Griff und unter Kontrolle haben. Streif die Schicht derjenigen ab, die alles gut machen wollen, aber auch müssen – und das Gewand der Herrscherin bzw. des Herrschers.

Schicht um Schicht ziehst du dich aus, bis du dich irgendwann voller Frieden und ganz und gar befreit fühlst. Und dann – dann streif auch diese Schicht noch ab.

Ruhe und Frieden herrschen nun. Ruh dich aus. Bleib in diesem Nichts, in dieser Freiheit und Einheit mit allem. Ganz neue Energien fließen in dich ein, du wirst ganz neu sortiert. Alles Schwere fließt in die Erde, all die Gewänder lösen sich auf, zerfallen zu Staub oder lösen sich im Licht auf.

Irgendwann erscheint ein neues Gewand, eines, das dir heute ganz und gar entspricht. Du weißt, du kannst es jederzeit wieder ausziehen, du trägst es, solange du willst, aber du bist jederzeit frei, es loszulassen. Und so zieh es an, und nimm die Energie dieses Gewandes wahr. Jetzt spürst du deutlicher als je zuvor, was tatsächlich zu dir gehört und was nicht, wer du wirklich bist und wer nicht. Du spürst deine Essenz und erkennst, wozu du tatsächlich auf der Erde bist. Alles andere fällt ganz leicht von dir ab, verschwindet aus deinem Energiefeld.

Du bleibst in dieser Energie und kommst damit in den Raum zurück, in dem du dich befindest, bringst dich mit diesem Gewand in das Leben auf der Erde zurück – in dem Wissen, dass du das Gewand jederzeit ausziehen kannst, jederzeit ein neues erhalten kannst.

Zur inneren Bestandsaufnahme gehört aber natürlich auch Folgendes: Schreib dir bitte Listen. Inventurlisten.

LISTE I: Was kann ich wirklich gut?

Schreib mindestens zehn Dinge auf. Sie brauchen dir kein Geld zu bringen, nicht effektiv zu sein, schreib einfach nur das auf, was du gut kannst.

LISTE II: Was würde ich gern lernen?

Schreib bitte fünf Dinge auf, die du gern können würdest, und gib dir selbst eine Chance, sie auch zu lernen! »Zum Mond fliegen« darfst du auf die Liste schreiben, wenn du magst, aber vielleicht möchtest du auch »endlich gut backen«, »eine Trommel bauen« oder »Naturkosmetik machen« mit draufsetzen, das ist bestimmt zunächst einfacher zu erreichen. Zunächst, sage ich. Bist du wirklich im Vollbesitz deiner eigenen Kräfte, hält dich sowieso nichts mehr auf, und du brauchst nicht mal eine Rakete.

LISTE III: Wofür bin ich mir selbst dankbar, was habe ich gemeistert, durch welche Umstände habe ich mich durchgeboxt?

Zum Beispiel könnte hier stehen:»Ich bin dankbar dafür, dass ich lesen gelernt habe!« Denn das war schwierig genug, und offensichtlich kannst du es.

Und weil du dich gerade so schön warm geschrieben hast:

LISTE IV: Worin bin ich besser als viele andere?

Trau dich. Du weißt mit SICHERHEIT, worin du schlechter bist. Nun schenk dir eine Liste, auf die du ganz arrogant und überheblich schreibst, was du besser kannst. Nur für dich. Und nicht für dein Ego, sondern weil auch das ein Teil der Wahrheit ist.

Und **LISTE V**, die letzte: **Wofür lobe ich mich?**

Trau dich auch hier. Wenn du dich so lustvoll kritisieren kannst, dann darfst du dir auch erlauben, dich selbst zu loben. Sonst wirst du ja ganz einseitig ☺. Wenn du befürchtest, dass Eigenlob stinkt, benutze eben Raumspray, und ich sag dir was: Sich selbst den ganzen Tag zu kritisieren stinkt noch viel mehr. Ich habe noch nicht gehört, dass jemand krank wurde, weil er sich mochte, aber es gibt eine Menge Krankheiten, die man durchaus auf den inneren Kritiker zurückführen kann.

Der fünfte Schritt

Die Kraft der Selbstvergebung – Vergebung,
Frieden und Mitgefühl mit uns selbst

Warum nur fällt es uns so schwer, liebevoll und mitfühlend mit uns selbst umzugehen, warum werden wir von Angst getrieben, statt vertrauensvoll im Fluss des Lebens zu schwimmen? Was ist denn nun wieder los, warum sind wir immer noch nicht in der energetischen Fülle, warum zwickt es heute hier und morgen da, warum sind wir antriebslos und dann wieder voller Tatendrang, welcher Prozess will denn heute angeschaut werden, und wann hört das endlich auf? Sollten wir nicht voller Vertrauen sein, wären wir nicht lichtvoller, liebevoller, freudiger und in jeder Hinsicht reicher, wenn wir nur endlich gut genug wären?

Vielleicht hört es nicht auf. Vielleicht bedeutet irdisches Leben, sich jeden Tag neu mit dem, was gerade ist, zu befassen, auch mit der Angst davor, nicht gut genug zu sein, einfach mit dem, was ist. Ich träume oft davon, frei von allen Sorgen und mit sehr leichtem Gepäck zu reisen, denn ich weiß jetzt schon, dass ich mich am Ende meines Lebens fragen werde, wozu ich mir so viele Sorgen gemacht habe. Aber das weiß ich eben wirklich erst am Ende des Lebens, denn heute, mittendrin, können nun mal jeden Tag sehr viele unvorhersehbare Dinge passieren, und sie passieren auch. Nicht unbedingt immer mir, aber auf der Erde. Uranus, der Herrscher der sprunghaften, unvorhersehbaren Veränderung, ist eben auch ein Teil des wirkenden Energiesystems. Ich werde damit umgehen, egal was es ist, darauf vertraue ich, aber mein Innerstes bleibt in Hab-Acht-Stellung.

Und ist das nicht bei uns allen so? Ist das in der Natur nicht auch so? Ist es vielleicht eine romantische Vorstellung, dass wir friedlich und völlig entspannt durch unseren Tag fliegen, schlendern, gleiten, spazieren gehen? Wer tut das schon? Letztlich führt jeder seinen Lebenskampf; das wollen wir nicht hören, alles ist eins, und wir wollen sein wie Kinder. (Was immer das meint, und seien wir ehrlich, meistens SIND wir wie verletzte und trotzige Kinder, und ist das sinnvoll?)

Aber gibt es das auf der Erde überhaupt? Ist nicht letztlich alles ein Kampf ums Überleben, und gehört das nicht einfach dazu? Wir haben die Kraft, uns zu behaupten, und das ist eine der wichtigsten Herausforderungen, aber auch ein Geschenk des irdischen Lebens – die Kunst und die Kraft des Weitermachens. Wenn wir auf der Erde eines lernen können, dann, weiterzumachen. Das Leben auf der Erde hat eine ungeheure Durchsetzungskraft, einen so starken Willen, sich selbst in Form zu bringen, dass es sich durch beinah nichts aufhalten lässt. Und dieses irdische Leben findet im Wurzelchakra seinen ursprünglichsten, ungeformtesten Ausdruck, in deinem Becken und in

deinem heiligen Feuerraum, dem sogenannten Spiritraum aus
Schritt zwei. Deshalb ist es so wichtig, dass du dort anwesend
bist.

**Die Fähigkeit, sich zu regenerieren, sich selbst wiederherzu-
stellen, die Fähigkeit, die auf jeder Ebene und in jeder Hinsicht wirkt, wenn wir sie nur lassen, ist die Antwort der Erde
auf unsere bange Frage, wie es möglich ist, das Leben freudig
zu meistern, wenn wir doch immer wieder verletzt werden
können.**

**Ängstliche oder zornige Vermeidung (und nichts anderes ist
Perfektionismus) hingegen nimmt der Kraft, sich zu regenerieren, den Boden.**

Dennoch ist es natürlich sehr sinnvoll, sich anzuschauen, welche Kämpfe sich lohnen und einfach zum Leben gehören, weil
sie ihm dienen, und welche nur Energie und Zeit verschwenden,
weil wir sie sowieso nicht gewinnen können – besonders den
Kampf gegen dich selbst.

Denn warum ist es so schwierig, sich selbst zu vergeben und
liebevoll mit sich selbst umzugehen? Bei anderen können wir
es doch auch! Die meisten Perfektionisten sind anderen gegenüber durchaus nachsichtig, aber der gnadenlose innere Antreiber lässt uns selbst nicht aus den Klauen. Natürlich nicht. Du

hörst dir selbst den ganzen Tag zu, du weißt, welche Gedanken du denkst, wie oft du hämisch, wertend oder negativ bist, und du weißt, wie oft du dich mutlos fühlst oder aufgeben willst. Du weißt, wie oft du gegen dein inneres Bild von dir selbst agierst, und du fühlst dich deshalb schlechter als andere, irgendwie gemeiner, fauler oder nicht motiviert und nicht kreativ genug.

Ich glaube zum Beispiel nicht, dass es noch einen spirituellen oder sonst einen Schriftsteller gibt, der manchmal vor lauter Selbstzweifel keine Lust hat zu schreiben, der manchmal lieber abwäscht, statt kreativ zu sein, und der sich manchmal erlaubt, GAR NICHT zu schreiben, sondern einen halben Tag vor dem Fernseher zu gammeln. Darf sich so jemand überhaupt Schriftsteller nennen? Macht mich das nicht zur Mogelpackung? Wo ist meine stetige Dankbarkeit dafür, dass ich diesen wundervollen Beruf ausüben darf? Sollte ich nicht voller Begeisterung und in einem immerwährenden Flow schöpferisch tätig sein oder lächelnd durch meinen Tag schweben? Stattdessen beantworte ich meine E-Mails, noch bevor sie mich überhaupt erreicht haben, nur um beschäftigt zu sein und mich ja nicht mit meinem inneren Zweifler, der mir über die Schulter schaut, befassen zu müssen. Verrückt, oder? Aber sicher nicht verrückter als deine Ansprüche an dich selbst ...

Er hat einen Sinn, dieser Antreiber, er schützt uns. Er tut alles, um zu vermeiden, dass wir wieder verletzt und beschämt werden, das ist wichtig. Er ist nicht gegen uns, sondern er dient uns und damit auf verdrehte Weise dem Leben. Er ist einfach auch da. Und ob er mir über die Schulter schaut oder nicht, kann ich nicht immer ändern. Aber ich muss mich nicht beeindrucken lassen. Soll er doch schauen.

So biete ich dir hier zunächst eine Möglichkeit an, mit der du den Kampf gegen dich selbst beenden kannst.

Den inneren Kampf aufgeben

Ob es dir gefällt oder nicht – wenn du perfektionistisch bist, dann bist du in einen Kampf verstrickt. Und je friedliebender du bist, desto größer ist die Gefahr, dass du diesen Kampf in dir ignorierst, ihn nicht wahrhaben willst oder ihn dir ausredest – doch damit kommst du nicht weit. Du verbrauchst nur jede Menge Vermeidungsenergie.

So gehst du in deiner Vorstellung durch ein Tor – und befindest dich in einer Kampfarena. Das mag dir gefallen oder nicht, erlaube dir selbst, dich darauf einzulassen.

Du siehst dich oder erlebst dich in dieser Kampfarena – und du erkennst, dass du Waffen trägst: eine Rüstung, eine Tarnkappe, ein riesiges mentales Schwert, sexuelle Verführung

*oder andere Waffen. Lass dir bitte Zeit, deine Waffen zu er-
kennen, sie können sehr subtil sein und so vertraut, dass du
sie noch nie als Waffen wahrgenommen hast. Lass dich ganz
deutlich erkennen, welche Waffen du nutzt.*

*Und dann schau, wogegen du kämpfst. Lass dir auch dafür
Zeit, nimm einfach wahr, was ist, ohne es infrage zu stellen.
Gegen wen kämpfst du? Und worum? Was ist die Trophäe,
was willst du um jeden Preis gewinnen? Das kann eine Energie sein, Liebe, Anerkennung, sogar Freiheit oder das Gefühl, endlich dazuzugehören, es kann sich aber auch als Po-
kal zeigen. Es ist nicht so wichtig, dass du in jeder Einzelheit
wahrnimmst, was du gewinnen willst, denn dann stellst du
es womöglich infrage. Nimm aber wahr, dass es einen Preis
gibt, den du haben willst. Womöglich ist es nicht einmal
dein Kampf, sondern du kämpfst um eine Trophäe für jemanden aus deiner Familie, deiner Ahnenreihe, womöglich
ist dieser Kampf schon uralt und hat vor vielen Inkarnationen
begonnen.*

*Schau dir bei dem Kampf zu, und nimm deine Gefühle wahr
– erkenne an, wie unendlich müde du bist. Es gibt nur einen
Weg, den Kampf zu beenden – indem du kapitulierst und
die Waffen streckst. Es kann sein, dass dir das ganz leicht-
fällt, doch möglicherweise tust du dich damit schwerer als
erwartet. Und doch: Lass es gut sein. Verneige dich vor dem*

anderen, wer immer es ist, und sprich Folgendes aus: »Ich erkenne deinen Sieg an, und ich gebe mich geschlagen. DU hast gewonnen.« Und dann überlass deinem Gegner die Trophäe. Du legst die Waffen nieder, ziehst die Rüstung aus – und noch während du das tust, erscheint auf einmal ein goldenes Tor.

Du verlässt die Kampfarena durch das Tor und befindest dich auf einmal in einem von Licht erfüllten Raum, einem Raum voller Frieden und Leichtigkeit. Alles, was du nun noch trägst, fällt von dir ab oder steigt wie Rauch auf und verlässt deinen Körper. Die Seelenanteile, die in den Kampf verstrickt waren, die zur Erde gekommen sind, um diesen Kampf zu kämpfen, verlassen deinen Körper und steigen ganz leicht und frei auf ins Reich deiner Seele. Ein Lichtwesen steht auf einmal vor dir und überreicht dir eine Energiekugel. Du nimmst sie an, und sie strömt in dich ein, genau dahin, wo diese Energie gebraucht wird. All das, worum du gekämpft hast, strömt nun ganz leicht in dich ein, einfach so.

Das Lichtwesen verneigt sich vor dir und sagt: »Ich bitte dich um Vergebung dafür, dass ich dich so lange habe kämpfen lassen. Es war mein Kampf um das Erlangen von Bewusstsein, ich weiß nun, wie es ist, in einen Kampf verstrickt zu sein. Ich bitte dich um Vergebung, denn du, der Mensch, *musstest all das erleben und spüren. Ich danke dir von ganzem Herzen dafür, dass du zu mir gekommen bist, denn auch das Aufgeben war Teil der Erfahrung, die ich durch dich machen wollte.«*

Und auf einmal erkennst du: Es war deine Seele, die Erfahrungen machen wollte, die sich diesen Kampf erschaffen hat, um ihn zu erleben, um von der vermeintlichen Trennung auf der Erde zu erfahren, um sich ihrer selbst bewusst zu werden und um Mitgefühl zu erlernen. Sie sagt dir: »Ich liebe dich, und ich erschaffe dir von nun an friedvolle, glückliche Erfahrungen, denn die Zeit des Kampfes ist vorbei. Danke, dass ich durch dich erleben durfte, wie es sich anfühlt, wenn wir uns von Energien trennen und abspalten. Deshalb haben wir uns als Menschen auf der Erde inkarniert. Du bist ich, und ich bin du, und dennoch erleben wir sehr, sehr unterschiedliche Aspekte der Schöpfung, und beide sind real und spürbar.«

Und dann strömt das Lichtwesen mit all seiner Wärme in dich ein, heilt dich, tröstet dich, gibt dir Kraft und neuen Mut. Du erkennst, dass dieser Kampf nicht automatisch zum Leben gehört, sondern dass du ihn dir auf einer höheren Ebene selbst erschaffen hast, um dich selbst auf diese besondere Weise zu erleben. Egal wie merkwürdig sich das anhören mag, auf einer Ebene spürst du, dass es stimmt. Frieden strömt ihn dich ein, und du kannst dir selbst dafür vergeben, dass du dir diesen Kampf zugemutet hast.

Auf einmal kommt dir der Gedanke, dass es eine weitere Kraft gibt, die du gut gebrauchen könntest: Treue. Dir selbst treu zu sein.

Lass dir Zeit, dich an diesen Gedanken zu gewöhnen, und mach dir klar: Das Gegenteil von Treue ist Verrat. Du verrätst dich selbst, wenn du dein Leben anders lebst, als es deinem eigenen inneren Fluss entspricht. Und so bitte darum, dass nun die Energie »Treue« wie ein Farbstrahl oder wie ein Lichtfunke in dich einströmt. Vielleicht kommt sie aus der Erde und stabilisiert dich, vielleicht spürst du diese Treue auch eher im Herzen – lass es sein, wie es ist, und nimm sie an. Diese Energie wird dir dabei helfen, bei dir zu bleiben und der Sucht danach, dich nie gut genug zu fühlen, zu widerstehen, indem du die Dinge auf deine Art tust.

Ruh dich noch ein bisschen aus, und komm dann mit all dieser Energie zurück in den Raum, in dem du dich befindest.

Wir befinden uns in einem manchmal fast nicht zu schaffenden Spagat zwischen Mensch und Seele, zwischen Vorstellungen und dem, was machbar ist, zwischen Ansprüchen von außen und Selbstbestimmung – willkommen in der Dualität. Es hat sich herumgesprochen, dass wir in einer Entwicklungsspirale tanzen, dass sich unser Bewusstsein rasch öffnet. Und so dürfen wir auch unsere Selbstwahrnehmung verändern. Galt früher »Entweder-oder«, so gilt nun auch in Bezug auf uns selbst »Sowohl-als-auch«. Einfach deshalb, weil die Brücke, die wir zwischen Himmel und Erde gebaut haben, zu tragen beginnt, und weil wir uns zunehmend als multidimensionale Wesen begreifen und anerkennen. Und so ist es durchaus denkbar und sinnvoll, dass diese verschiedenen inneren Wesensaspekte miteinander kommunizieren und eine unterschiedliche Sicht der Dinge haben – das ist bekannt.

Was aber wäre, wenn diese unterschiedlichen Wesensanteile voneinander lernen könnten und wollten? Wenn es so wäre: Die Seele schickt sich selbst als Mensch zur Erde, damit sie lernt, was es bedeutet, in der Dualität zu leben, was Energie in Wechselwirkung mit sich selbst verursachen kann und wie sie sich anfühlt, welchen Gesetzen sie unterliegt und wie man sie meistert. Auch daran ist nichts neu – wir dürfen uns immer wieder daran erinnern. Und wir dürfen es nutzen. Denn wenn wir uns selbst zur Erde schicken, um Bewusstsein über die Wirkung von Energien zu entwickeln, dann dürfen oder sollten wir in unserer Kommunikation mit uns selbst wahrhaftig und aufrichtig sein. Manchmal scheint es, als verlöre die Seele sich selbst als Mensch aus den Augen und für eine Zeit lang stimmt das auch. Sie muss sich selbst aus den Augen verlieren, denn sonst könnte sie nicht die Erfahrung von Getrenntsein und Dualität erleben. Sie würde sich ihre eigenen Erfahrungen nicht glauben.

Und genau das tun wir immer noch manchmal: Wir sprechen uns unsere eigenen Erfahrungen ab, in jeder Hinsicht. Wir glauben uns selbst nicht. Glaubst du dir, wenn du sagst »Das Menschsein ist manchmal sehr hart und schwierig, und ich fühle mich völlig abgeschnitten vom Himmel und von mir selbst«? Erlaubst du dir, den Schmerz darüber wirklich zu fühlen? Oder wischst du diesen Satz sofort wieder mit spirituellen Sprüchen weg? Alles ist Illusion – wie gemein ist das dem Menschen gegenüber, der in dieser scheinbaren Illusion lebt? Wir werten unsere eigenen Erfahrungen ab, indem wir uns beschwichtigen und uns in höhere Gefilde zurückziehen.

»Ich bin Licht, ich bin frei, ich bin allumfassend, und ich bin ewig« – auch diese echte, gelebte Erfahrung mindern wir, indem wir unserer Seele nicht glauben. Zynisch und zweifelnd wenden wir uns von unseren eigenen lichtvollen, erhebenden Erfahrungen ab und »bleiben auf dem Boden der Tatsachen«, sind »realistisch«. Wir glauben weder unserem Menschen noch unserer Seele, sondern wir erschaffen ein eigenes Konstrukt aus Vorstellungen über uns. Und so befinden wir uns in einem oftmals ohnmächtigen Halbschlaf. Wir sind nicht unsere irdischen Erfahrungen, glauben wir, unseren seelischen Erfahrungen aber glauben wir auch nicht, weil wir befürchten, es handele sich um unser Ego, das sich großartig aufbläst. Und am Ende haben wir gar nichts, nur noch Glaubenssätze und Ideen darüber, wie wir sein sollten und was alles anders wäre, wenn wir erleuchtet wären.

Die Lösung ist ganz einfach. Wir sind all das. Ich bin Licht, ich bin ein Engel, ich bin Seele, ich bin allumfassende Liebe, und ich bin ein großartiger Schöpfer, und ich bin ein Mensch, ich liebe Sex, ich liebe Essen, ich bin oft verletzt, ich fühle mich klein, bedürftig und verletzlich, ich zweifle an mir, ich liebe die Erde, ich hadere mit meinem Körper, ich liebe meinen Körper, ich habe Angst vor dem Tod, ich sehne den Tod als Erlösung herbei, ich will manchmal mit mir als Mensch nichts zu tun haben, und manchmal halte ich das Menschsein für das größte Geschenk überhaupt. Und alles stimmt, alles gehört zu mir, all das ist meine Wahrheit und noch vieles mehr. Nicht »Entweder-oder«, sondern all das. Nichts davon ist Illusion.

Es ist ein sehr absurd, bestimmte Erfahrungen als Illusion zu bezeichnen und andere dagegen nicht. Weißt du, wenn jemand daherkommt und erzählt, nur die Seele und das Licht seien real, dann frage ich mich ernsthaft, woher er das weiß. Hat er diese Erkenntnis doch durch sein seiner Ansicht nach nicht reales Gehirn erlebt! Alles, was du als Mensch erfährst, was du erkennst, wirklich alles, auch das hochspirituellste Zeug, erfährst du über dein Gehirn und deinen Körper, hier kommt es an und wird in Worte umgesetzt.

Wenn du nun glaubst, dass du als menschliches Wesen nicht real seist, dann ist es wirklich ziemlich verrückt, das, was du mit diesem nicht realen Körper erfährst, anzuerkennen. Entweder du glaubst dir alles oder nichts. Warum sollte die Erfahrung von großartigem spirituellem Bewusstsein realer sein als die Erfahrungen von Schmerz und Trennung? All diese Erfahrungen macht unser Gehirn, wenn wir als Mensch auf der Erde sind – wer denn sonst? Auch die lichtvollste Energie, die durch deine Chakren fließt und dich erfüllt, hat Hormonausschüttungen und Hirnaktivität zur Folge. Sonst kommt sie nicht im Körper an, du spürst sie nicht. Negierst du aber die Existenz des Körpers, dann brauchst du erst gar nicht damit anzufangen, Erfahrungen zu machen – dann ist alles irreal, auch unser Wissen und die gespürte Erfahrung unserer so hoch geschätzten Lichtebene. Logisch, oder?

Anders herum stimmt es natürlich ebenso. Du glaubst dem Schmerz in deinem Bein, wenn du dich stößt, aber du glaubst deinen Eingebungen und zarten Wahrnehmungen nicht? Warum nicht, wo ist der Unterschied? Wie laut muss deine innere Stimme sein, wie deutlich willst du etwas fühlen, bevor du es für wahr hältst? Die einen sagen, du bildest dir den Schmerz im Bein nur ein, der Tisch war nicht real, die anderen sagen, du bildest dir dein lichtvolles Sein nur ein, eine Seele oder gar Engel gibt es nicht. Beide Gruppen halten sich gegenseitig für vollkommen ignorant und weltfremd. Also wirklich! Ist das irgendwie sinnvoll?

Darum tu dir einen Gefallen, und halte dich selbst für real, AL-LES an dir, denn sonst sortierst du ziemlich willkürlich Energien aus. Damit kannst du nicht wachsen, sondern du beginnst, dich in Illusionen zu verlieren und dich zu kontrollieren. Entweder ist alles, was du als Mensch auf der Erde spürst, erkennst und erlebst, real – oder gar nichts.

So. Haben wir das geklärt? Dann können wir nun endlich Mitgefühl mit uns selbst aufbringen. Denn wenn die Lichtebene genauso real ist wie die menschliche Ebene, dann können wir uns selbst auf Augenhöhe begegnen.

 Vergebungsritual

Und so setz dich nun bitte bequem vor einen Spiegel oder vor ein Bild, das dich zeigt. Durch deinen vierten Schritt weißt du nun, was du dir selbst zumutest und was du anderen zufügst. Möglicherweise schämst du dich nun erst recht oder bist mutlos, statt dich befreit zu fühlen – doch du warst auf Schatzsuche und bringst etliche Klumpen reinen Goldes mit. Es sieht nur noch nicht aus wie Gold, es muss noch gewaschen und poliert werden. Wertvoll ist es aber bereits!

Schau dich bitte an, einfach so, während du vor dir sitzt. Erlaube dir für eine halbe Minute, dich nicht zu verurteilen, sondern dich zu ehren, als sähest du dich zum ersten Mal. Wenn du das nicht kannst, dann verurteile dich eben, mach das Ritual aber bitte dennoch oder erst recht.

Verneige dich bitte vor deinem Spiegelbild oder vor dem Bild. Verneige dich, und sag:»Ich bitte dich um Vergebung. Ich sehe deinen Schmerz, und du hast mein volles Mitgefühl.«

Stimmt das? Siehst du deinen Schmerz? Und – sei ehrlich – bereust du tatsächlich, was du dir selbst zugefügt hast? Bereuen kannst du nur etwas, wenn du fühlst, wie sehr es dich tatsächlich geschmerzt hat und wie sehr du tatsächlich für deine Erfahrungen verantwortlich warst und bist.

Hier nutzen dir all diese großartigen Erkenntnisse nichts, wie »Du kannst keine Fehler machen« oder »Alles ist gottgewollt« oder gar »Du hast es ja auch auf einer höheren Ebene so gewählt«. Ja, möglicherweise hast du das auf einer höheren Ebene gewählt, und genau deshalb ist es so wichtig und auch angemessen, dass du dich von dieser höheren Ebene aus beim Menschen, der du bist, entschuldigst. Denn deine Wahl hat dem Menschen, der du bist, ganz schön wehgetan, oder?

Lass dich atmen und fühlen, was du fühlst.

Und dann schau, ob du dazu in der Lage bist, dir selbst zu sagen: »Ich vergebe dir. Und ich sehe auch deinen Schmerz, und auch du hast mein volles Mitgefühl.«

Kannst du das? Bist du bereit, dir selbst zu vergeben, dafür, dass du dich in diese schwierigen, schmerzlichen Umstände gebracht hast? Dass du Entscheidungen getroffen hast, die dich in diese Lage gebracht haben, möglicherweise auf einer so hohen spirituellen Ebene, dass du dich nicht mal ansatzweise daran erinnern kannst? Jeder deiner Anteile, Körper, Seele, Geist, Mensch, macht alles so gut, wie es unter den gegebenen Umständen nur möglich ist. Willst du dich verändern und glücklicher werden, verändere die Umstände – durchaus und erst recht die inneren Umstände.

Schau noch einmal in den Spiegel, und sag dir, wenn es stimmt: »Ich bin bereit, mit dem, was ist, in Frieden zu kommen. Ich bin bereit, mit all meinen Entscheidungen auf jeder Ebene in Frieden zu kommen. Ich bin bereit, mit dem, was ich getan und auch mit dem, was ich versäumt habe, in Frieden zu kommen.«

Du brauchst nicht zu vergeben, wenn dir das nicht möglich ist. Quäle dich nicht damit, dir selbst zu vergeben, wenn du es nicht kannst. Ich gehe nicht in deinen Schuhen, und ich weiß nicht, was du dir selbst vergeben müsstest, deshalb gebe ich dir ein zweites Werkzeug. Manches lässt sich nicht vergeben, weil es zu absurd und zu schmerzhaft ist. Wenn du bereit bist, in Frieden zu kommen mit dem, was ist, wirst du ganz ohne Vergebung frei.

Atme.

Schau dich an, und sag dir: »Ich achte dich aus ganzem Herzen für deine Bereitschaft, mit dem, was ist, in Frieden zu kommen. Ich liebe dich, und ich bin an deiner Seite. Von nun an stehe ich zu dir und bin dir treu.«

Und atme.

Wenn du noch einen Schritt weiter gehen willst, dann finde ein Symbol für deine Treue dir selbst gegenüber. Frag dich, den Menschen, der du bist, welches Symbol kraftvoll genug wäre, und schenk es dir. Ich trage einen Knotenring aus Gelb- und Weißgold, ich habe mich damit selbst geheiratet. Schenk dir selbst einen Ring, heirate dich, gib dir ein Symbol deiner ewigen Verbundenheit mit und Treue zu dir selbst.

Du kannst auch das hawaiianische Ho'oponopono-Ritual durchführen, wenn es dich berührt und dir Frieden schenkt: Verneige dich vor dir selbst, und sag dir: »Ich bitte dich um Vergebung.«

Dann verneige dich erneut mit dem Satz: »Ich vergebe dir«
– aber nur, wenn das stimmt! Manchmal stimmt es nicht,
und du brauchst eine Zeit der Trauer um dich selbst.

Nun schau dir in die Augen, und sag: »Danke.«

Antworte dir selbst mit: »Ich liebe dich.«

Dieses Ritual gehört ganz selbstverständlich zur spirituellen ha-
waiianischen Kultur, und so mag es sich für dich etwas befremd-
lich anfühlen, wenn du es durchführst, weil es dir nicht vertraut
ist. Wer entschuldigt sich bei wem, wer liebt wen? Die Seele,
das große Geistwesen, das du bist, entschuldigt sich bei dem
Menschen, der du bist. Du, der Mensch, verzeiht der Seele,
dem Geistwesen, all das, was sie/es dir auf der Erde an Erfahrung zumutet.

Mir gefällt das, »in Frieden kommen mit dem, was ist«. Denn
manchmal halten wir uns so lange mit Vergebung auf, dass wir
vergessen, das zu sehen, was wir uns Großartiges erschaffen
haben; wir vergeben so lange, dass wir all die wundervollen
Möglichkeiten übersehen, die wir uns selbst auf den Weg gelegt
haben. Dir selbst zu vergeben, ist eine äußerst kraftvolle Technik, die dich befreien wird. Dieses Vergeben birgt aber auch
die Gefahr, einer neuen Anforderung an dich nicht genügen zu
können. Wie oft hören wir euch in den Seminaren »Ich kann mir

nicht vergeben« sagen – ein neuer Grund, euch selbst anzuklagen und euch wieder nicht gut genug zu fühlen!

Erschaffe dir zu Hause einen Ort des Friedens. Leg dir einen hübschen kleinen runden Teppich in eine ruhige Ecke, schmücke die Umgebung mit dem, was für dich Schmuck ist, und bitte die Energie des Friedens, auf diesem Teppich Platz zu nehmen. Stell dir vor, wie eine Lichtsäule des Friedens entsteht. Bitte, wenn dir das hilfreich erscheint, die Engel des Friedens, die Einhörner und all die Krafttiere, die dich in Frieden bringen möchten, an diesen Kraftort. Leg dir Kraftgegenstände hin, Dinge, die für dich Frieden symbolisieren. Und dann, wenn du mit dir selbst haderst und im Unfrieden bist, setz dich auf deinen Teppich, in diese Lichtsäule hinein, atme, und sei nur dazu bereit, in Frieden zu kommen.

Das kannst du nicht aktiv schaffen, es ist im Gegensatz zur Vergebung keine aktive Handlung, sondern ein Geschenk, für das du dich öffnen kannst. Zu vergeben ist eine Interaktion mit demjenigen, der bereut und um Vergebung bittet, das haben wir in unzähligen Aufstellungen immer wieder erlebt. Es ist männlich, Handlung, Aktion. Überprüfe bitte selbst, ob das für dich stimmt! In Frieden zu kommen mit dem, was ist, ist dagegen ein Akt der Hingabe, des Loslassens, der Öffnung – weiblich.

Es ist wichtig, dass du beide Werkzeuge in der Hand hältst, damit du je nach Gegebenheit entsprechend wählen kannst. Natürlich kannst du diese Werkzeuge auch jederzeit für andere nutzen. Wenn du versuchst, jemandem zu vergeben, der gar nichts bereut, der vielleicht aus seiner Sicht heraus auch gar keinen Anlass dazu hat, dich um Vergebung zu bitten, dann prallt die Energie der Vergebung, die du ihm schickst, immer wieder zu dir zurück. Deshalb ist es manchmal so schwer, zu vergeben, denn wenn der andere nicht darum bittet und diese Energie nicht annimmt, dann wirkt sie nicht, zumindest ist das unsere Erfahrung. In Frieden zu kommen mit dem, was ist, macht dich aber frei und wirkt immer.

Du hast jederzeit eine Wahl. All das, was dir widerfahren ist, kann dich grausam und hart machen, besonders dir selbst gegenüber. Du kannst dich verschließen und dich vom Leben abwenden. Das ist sehr verständlich und steht dir frei, wir alle nutzen diese Möglichkeit. Manchmal ist es unsere einzige Überlebenschance. Doch es gibt ein zweites Tor, das wir durchschreiten dürfen. Wir können jederzeit das Tor des Mitgefühls wählen – eben dann, wenn wir bereit werden, uns selbst zu fühlen.

Das Schöne ist: Diese Tore stehen überall herum, du kannst jederzeit den Weg des Selbstmitgefühls wählen. So halte Ausschau, wenn du durch dich mal wieder durch das rostige, schwergängige Tor der Selbstverurteilung getrieben hast, ob du das goldene Tor des Friedens und der Selbstvergebung findest. Es ist ganz in der Nähe, du brauchst bloß dazu bereit zu

werden, hindurchzugehen, du kannst dich sogar abholen lassen, der kleinste Funke genügt. Es ist, als flatterten überall sehr
eifrige Engel herum, die nur darauf warten, dass du ihnen die
Erlaubnis gibst, dich in Frieden zu bringen. Die kleinste Öffnung,
das winzigste Blinzeln, die geringste Bereitschaft, in Frieden zu
kommen, genügen, und sie führen dich zum Tor des inneren
Friedens – immer wieder und so oft, wie es nötig ist, es ist ihre
größte Freude. Natürlich stehen auch deine inneren Dämonen
herum und rasseln mit den sehr überzeugenden Ketten der
Selbstverurteilung. Dürfen sie. Sollen sie! Wir haben sie ja extra
eingeladen, um zu erleben, wie es ist, eine Wahl zu treffen. So
triff sie. Während du sie triffst, erschaffst du Bewusstsein, und
nur darum geht es.

Welches Bewusstsein du erschaffst, ist deine Sache, es ist nicht
besser oder schlechter, ob du Selbstverurteilung oder Selbst-
mitgefühl wählst. DU musst damit leben, wir sind tiefer für uns
selbst verantwortlich, als uns das möglicherweise gefällt. Wozu
sollst du dir selbst vergeben und in Frieden kommen? Nur damit
deine Amygdala ein paar weniger Gründe hat, dich in Alarmbereitschaft und damit in Stress zu versetzen. Nur damit du entspannter die Schönheit dieses Lebens genießen kannst, wenn
du schon mal hier bist. Jede Konsequenz, die sich aus deinen
Entscheidungen ergibt, trägst du – und nur du. Da gibt es keinen Verhandlungsspielraum, es ist dein Leben, deine Verantwortung, dafür hast du deinen Schoßraum, deinen Geist, dein

Herz und die Fähigkeit, zu wählen. Und weil du am Ende die Konsequenzen trägst, zu hundert Prozent, bist du vollkommen frei darin, deinen Weg zu wählen. Der freie Wille meint, dass du selbst entscheidest, was du tust, dass du die Wahl hast, deinen Weg immer wieder neu zu gestalten – nicht immer im Außen, aber oft genug in deiner Reaktion auf das, was geschieht.

Wozu dieser Vortrag? Ich will dich ermutigen. Du bist frei, das steht nicht zur Debatte. Weißt du, jede Entscheidung, die du triffst, selbst wenn sie noch so sehr aus der Not geboren wurde, hat eine Konsequenz. Diese kannst du durch eine neue Entscheidung jederzeit (nun, fast jederzeit) verändern, aber wenn du durch ein Tor gehst, dann hast du einen Weg gewählt. Und weil du die Konsequenzen sowieso selbst trägst, darfst du dir auch das Recht herausnehmen, selbst zu wählen. Es ist geradezu unsere Aufgabe, selbst zu wählen.

Unser aller nächster Schritt, so erlebe ich es, ist die echte spirituelle Selbstverantwortung. Wir sind viel zu abhängig von spirituellen Lehrern geworden, die uns sagen, was wir tun sollten. Quantenheilung, Ho'oponopono, Bestellungen, Selbstvergebung, 12 Schritte, Meditationen, kleine wilde Frauen, Hochzeitskörbe, Trommelreisen, Aura-Soma. Das sind wundervolle Werkzeuge, mit denen wir unsere Wahrnehmung verändern, wenn wir das wollen, aber es sind eben Werkzeuge, nicht der einzig selig machende Weg, wie immer noch viele Schüler (und sogar manche Lehrer) es glauben. Den Schülern sei verziehen, deshalb sind sie ja Schüler und auf dem Weg, so gehört eine anfängliche Gläubigkeit dazu. Den Lehrern – nun ja. Wer sagt denn, dass wir unser Ego transzendieren sollen, wer sagt, dass wir unser Ich aufgeben und nur noch aus dem Spirit heraus leben sollen, und wer sagt, was dieser Spirit eigentlich ist? MEN-SCHEN. Mit einem Gehirn wie dem deinen.

Wieso sollte ein anderer Mensch besser wissen als du selbst, was für dich gut ist? Hast du kein eigenes Gehirn, keine eigene spirituelle Hotline, keine eigene Seele? Ist deine Seele weniger klug, liebevoll oder erleuchtet als meine? NEIN. Natürlich nicht. Ich gebe dir ein paar Werkzeuge und ein paar Ideen über die Zusammenhänge so, wie ich mir von anderen Werkzeuge und Angebote geben lasse. Aber das ist es auch schon. Es geht immer wieder nur darum, wie wir als Menschen auf der Erde leben, und dafür gibt es sehr viele Konzepte – zurzeit etwa sieben Milliarden.

Wenn du dein Ego, was immer du damit auch meinst, transzendieren willst, wenn du Erleuchtung erfahren möchtest, dann ist das eine Wahl, eine von vielen möglichen Erfahrungen, die du machen kannst. Ein anderer entscheidet, sein Leben der Zucht von Rosen zu widmen und in der Pflege dieser zauberhaften Lebewesen aufzugehen. Die einzige Unterscheidung, die ich mache, ist: Dient meine Wahl dem Leben oder nicht? Erhöht sie die Freude, die Liebe, den Frieden und das Glück auf diesem Planeten oder nicht? Werde ich dadurch ein freierer, glücklicherer Mensch oder nicht? Und das ist wirklich sehr subjektiv, denn Kampf, Krieg, Schmerz, Tod – all das ist auch Leben.

Wähle, und dann leb damit – mehr haben wir nicht. Deine spirituellen Konzepte in allen Ehren, mach, was du willst. Aber letztlich ist das nur ein Pfad, den du beschreitest, einer von sehr vielen möglichen Pfaden. Ist es weniger spirituell, sich ganz und gar der Wissenschaft hinzugeben und die Gesetze der Materie zu erforschen? Ist es weniger erleuchtet, wenn du dich in aller Liebe der Pflege von Tieren hingibst, statt zu meditieren? Das ist sehr polemisch, ich weiß, und wenn du in der Atomwaffenindustrie arbeitest, dann komme ich in Schwierigkeiten, das nicht zu bewerten. Das liegt aber an dem Pfad, den ich beschreite, also an meiner eigenen engen Sicht der Dinge, nicht daran, dass es besser oder schlechter ist. Heißt das, das alles gut ist, wie es ist? Und damit letzen Endes egal? Ja und nein. Denn da gibt es noch die Energiegesetze. Alles, was du tust, hat eine bestimmte Schwingungseigenschaft, kann mit einer Farbe, einem Duft, einem emotionalen Zustand, einem Ton und sicher vielen anderen Ebenen, die ich nicht kenne, gleichgesetzt werden.

Du hast tatsächlich in jedem Moment die Wahl, welche Musik du spielst. Die Erfahrung zeigt, dass es himmlisch erfüllend ist, die Musik deiner Seele so punktgenau zu verwirklichen, wie es dir auf Erden nur möglich ist. Die Erfahrung zeigt auch, dass es höllisch unbefriedigend ist, wenn du dich weit von deiner Seelenmelodie entfernst. Du hast also einen Anhaltspunkt, eine Grundlage für den Pfad, den du gehst, es ist nicht egal.

Dein gesamter Körper, deine Gefühle, deine Gedanken, deine gesamte Struktur sind darauf ausgelegt, deine Seelenkraft zu verwirklichen. Woher ich das weiß? Ich weiß es nicht. Die Erfahrung zeigt es, und ich halte diesen Ansatz für sinnvoll, aber WISSEN können wir gar nichts – wir treffen eine Wahl! Du entscheidest, wie du die Welt siehst, denn es gibt keine gesicherten Erkenntnisse. Gar keine. ALLES, was wir erleben, erfahren, wissen, geschieht durch unser Gehirn. Es ist äußerst klug, dieses Wahrnehmungsorgan so ausgiebig zu trainieren, wie es nur möglich ist, denn je feiner es wahrnehmen kann, desto differenzierter können wir die Welt erkennen und vielleicht ein wenig verstehen. Aber wissen können wir gar nichts.

Wir erfahren, wir schlussfolgern, wir probieren aus, und das ist möglicherweise auch genau das, worum es hier geht! Und weil das so ist, gibt es auch kein endgültiges Richtig oder Falsch, und das ist die beste Nachricht, die wir als Perfektionisten überhaupt bekommen können! Es gibt nur Entscheidungen und Konsequenzen.

181

Ich glaube nicht, dass Gott, als er uns einlud, die Erde als Ausdrucksmöglichkeit für unsere Seelen zu nutzen, sagte: »Wehe, ihr bringt keine saubere, eindeutige und logische Erklärung und Lösung für das, was ich da im Überschwang meiner Gefühle erschaffen habe, mit nach Hause!«

In diesem Schritt möchte ich dir ein paar Werkzeuge geben, die einem Kontrollsüchtigen manchmal abhandengekommen sind – ich spreche aus eigener Erfahrung.

Um Vergebung bitten

Du musst nicht alles richtig machen. Du hast die Erlaubnis, ein Mensch zu sein, und du darfst, wenn du jemanden verletzt hast oder wenn du nicht achtsam genug warst, nicht liebevoll genug oder was immer »nicht gut genug« für dich bedeutet, einfach »Es tut mir von Herzen leid« sagen.

Selbstverständlich auch zu dir selbst. Und dann geh hin, mach es wieder gut, und handle von nun an anders.

 ## Übung

Schau bitte ganz genau hin, ob du jemandem gegenüber Schuldgefühle hast. Das kann ein Ausdruck einer Co-Abhängigkeit sein, aber manchmal haben wir tatsächlich jemandem Unrecht getan, das passiert. Wie unterscheiden wir das? Erinnerst du dich an dein Werkzeug aus Schritt zwei?

Lass die Frage und das Ereignis in deinen Spiritraum bzw. in deinen Hochzeitskorb hinabsinken. Atme ein paar Mal tief durch, und betrachte die Situation ganz nüchtern, aber aufrichtig. Lass für eine Minute die Rechtfertigung sein, und lass das Gefühl von Scham zu. Wir Perfektionisten leiden an einer tiefen Scham, deshalb fällt es uns oft äußerst schwer, Fehler zuzugeben, und ja, natürlich gibt es Fehler, aber DU bist kein Fehler.

Wem hast du Unrecht getan? Und dann geh hin, und bitte um Vergebung. Du wirst sehen, wie sich die Scham in Luft auflöst, wenn du dir erlaubst, sie wahrhaftig zu spüren – sonst gärt sie in deinem Körper und verursacht nur noch mehr Scham.

Danke sagen

Du darfst etwas annehmen, ohne gleich wieder etwas geben zu müssen. Du darfst dich nähren lassen, du darfst dir helfen lassen. Manchmal genügt ein von Herzen kommendes, wahrhaftig als solches gemeintes »Danke«.

 **Übung**

Wann hast du das letzte Mal Hilfe angenommen, ohne sofort, auf welche Weise auch immer, dafür zu bezahlen?

Nimm heute bitte Hilfe an, und sag aus dem Herzen heraus einfach »Danke«. Trau dich, dem anderen vermeintlich etwas schuldig zu bleiben, indem du nichts tust, außer Danke zu sagen. Dieses von Herzen kommende Danke ist ein Energiestrom, der den anderen würdigt, wertschätzt und mit dem du zeigst, dass du die Energie annimmst, die er dir zur Verfügung gestellt hat. Du erlaubst ihm, deine Bedürftigkeit zu sehen, indem du Danke sagst, denn damit zeigst du, dir ist bewusst, dass du etwas nicht allein tun konntest.

Hier sitzt unsere tiefe Scham, wir erwarten von uns, unabhängig zu sein und nichts zu brauchen, damit wir unsere

Verletzlichkeit nicht spüren. Wenn du als Kind verächtlich behandelt wurdest, als du bedürftig warst, bekommst du das Gefühl, deine Bedürfnisse wären falsch, du selbst wärst falsch. Und das ist die Wurzel von Scham.

Doch genau diese Energie ist es, die den anderen nährt, du zeigst dich verletzlich und offen, du bist dem anderen nah. Einem anderen zu danken schafft einen Raum von inniger Nähe, denn du zeigst dich. Du steigst vom hohen spirituellen Ross herab, das dir womöglich suggeriert hat, du könntest alles in dir selbst finden (wozu rufst du dann Engel?), und du zeigst dich als das, was du im Moment bist: ein verletzliches, spirituelles, menschliches Wesen. Mehr braucht es manchmal nicht, und du selbst weißt, wie immens dieses Geschenk ist.

Dank annehmen

Wenn dir jemand aufrichtig dankt, dann atme dieses »Danke« ein, und nimm es in dich auf, das ist der Ausgleich für deine Hilfe. Fließt keine Energie, dann kam der Dank womöglich doch nicht aus dem Herzen ... Öffne dich dafür, diesen Dank wirklich anzunehmen, das ist nicht immer so einfach, denn auch das Annehmen schafft Nähe.

 **Übung**

Nur heute, bitte ich dich, nimm bewusst ein Danke an, nimm es tief in dich auf, und schau dem, der dir dankt, in die Augen. Werte deine Hilfe nicht ab, sondern lass dir den Ausgleich geben, damit ihr euch nichts schuldig bleibt. Lass die Energie in dein Herz und in deinen Schoßraum bzw. deinen Spiritraum fließen. Nimm sie an.

Um Hilfe bitten

Hast du das Gefühl, nie gut genug zu sein, dann wirst du sicher nicht um Hilfe bitten, denn damit würdest du ja deine Bedürftigkeit ganz deutlich zeigen. Und genau deshalb ist dies ein sehr wichtiges Werkzeug auf dem Weg zu mehr Lebendigkeit und Gelassenheit.

 **Übung**

Bitte heute einmal um Hilfe, selbst wenn du das, was du tun möchtest, allein kannst. Nimm es bitte als spirituelle Übung, als etwas, was du lernen darfst, denn die Idee, alles allein machen zu müssen, hat sich so sehr festgesetzt, dass wir nicht mehr erkennen, wann Hilfe von außen nötig ist.

Bitte also bei einer Sache um Hilfe, und halte die Scham, die du dann spüren könntest, aus. Tu es freundlich, öffne dich, und sag danach »Danke«. Ist niemand da, der dir in einer Situation hilft, dann gib nicht auf, bitte einen anderen Menschen in einer anderen Angelegenheit um seine Hilfe – aber tu es HEUTE.

Für die Familie und für die Freunde da sein

Seit wann halten wir es eigentlich für co-abhängig, wenn wir andere unterstützen? »Das ist nicht deine Aufgabe« ist ein Credo in der spirituellen »Szene«, und das kann nur daher kommen, dass die meisten von uns sowieso schon ein Rettersyndrom (oder einen Knall) haben.

Bitte unterscheide sehr sorgfältig zwischen »Hilfe leisten« und »sich einmischen« – das Erste ist gesundes Verhalten, das andere süchtiges.

Wir sind soziale Wesen, und es erfüllt uns tief, wenn wir für andere da sein dürfen – wozu auf diese Erfüllung verzichten, nur weil wir befürchten, wir könnten den Seelenplan und die Erfahrungen des anderen stören? Wenn du einen inneren Hilfeimpuls hast, dann frag den anderen, ob und wenn ja, was du für ihn tun kannst. Und dann tu es, und zwar nur das. (Außer er ist tief in Not und du spürst, dass er nicht mehr Herr seiner Sinne ist.)

 ## Übung

Wenn du heute jemanden triffst, der in dir einen Hilfe-impuls erzeugt, dann überprüfe deine Reaktion – ziehst du dich sofort zurück, um ja nicht übergriffig zu sein, fürchtest du dich davor, dich selbst auszubeuten, oder kannst du klar und eindeutig spüren, was du geben willst und was nicht? Nur für heute frag ihn, ob er Hilfe braucht und was er sich von dir wünscht, damit lässt du die Verantwortung bei ihm. (Eine Tür darfst du allerdings auch ohne dieses Brimborium einfach aufhalten!)

Und dann überprüfe sorgfältig, ob du ihm das, was er braucht, geben kannst oder nicht – kannst du es geben, dann gib es ihm! Wir sind im Kern Liebe, zumindest wün-schen wir uns das alle, also handeln wir doch bitte auch danach. Mitgefühl ist immer die richtige innere Haltung. Selbst wenn du nicht helfen kannst, so kannst du dich doch innerlich vor seinem Schicksal verneigen und ihm ein stilles »Ich sehe deinen Schmerz, und du hast mein volles Mitge-fühl« schenken.

Dazu noch etwas Wissenschaftliches – Tierforscher, die sich mit der frühzeitlichen Entwicklung vom Wolf zum Haushund, einem der erfolgreichsten Säugetiere dieses Planeten, befassen, haben Folgendes herausgefunden[1]:

Je besser ein Tier dazu in der Lage ist, eine echte soziale Beziehung einzugehen, desto schneller und leichter lernt es, mit neuen Situationen umzugehen. Wölfe sind im Rudel untereinander beinah beispiellos sozial. Brian Hare, ein US-amerikanischer Hundeforscher, und viele andere Wissenschaftler glauben nach allem, was sie über die Entwicklung vom menschenscheuen Raubtier Wolf zum menschenbezogenen Hund gelernt haben, dass Vertrauen und die Bereitschaft, echte soziale Bindungen einzugehen, eine wesentliche Voraussetzung für die Entwicklung der Intelligenz ist. Das ergibt auch Sinn, denn beides findet im vorderen Frontallappen statt. Was lernen wir daraus? Vertrauen und soziale Bindungen machen klug ☺.

---

1 GEO, Ausgabe 07/2012, Artikel »Von der Wildnis zum Wir« von Andreas Weber, Seite 52 ff.

Halte dich fern vom Drama

Egal was passiert, es gibt immer eine nüchterne und eine dramatische Variante. Auch die nüchterne Variante kann äußerst emotional sein, aber nicht als Selbstzweck. So schau, ob du dich zu rasch in Dramen verfängst und innere Filme drehst, die du dir selbst niemals anschauen würdest. Erzeugst du ein Drama, dann heizt du deinen überreizten Emotionalkörper immer mehr auf, und deine Selbstheilungskräfte, die durchaus dazu in der Lage sind, dich durch die schwierige Situation hindurchzuführen, können nicht greifen.

Starke Emotionen wie tiefe Trauer und überschäumende Freude sind noch kein Drama! Du darfst tief und innig fühlen, so lange du das willst. Aber gieß dir nicht Öl ins Feuer, indem du deine Situation für die Schlimmste hältst, die einem Menschen jemals passiert ist, denn damit schneidest du dich vom Strom der Heilung ab. Dramatisierst du, dann entfernst du dich von deiner inneren Führung, denn du stellst dich außerhalb der möglichen und damit auch zumutbaren Erfahrungen. Und ja, natürlich, einiges, was uns geschieht, ist schlichtweg unzumutbar, und auch dieses Gefühl gehört dazu. Dennoch gibt es auch hier eine nüchterne und eine dramatische Variante – das Drama will nicht erlöst werden, es hält den Schmerz und das Leid wie ein Schwungrad in Bewegung.

Wie unterscheidest du zwischen Drama und echtem Gefühl?

 **Übung**

Schreib in der dritten Person über deine Geschichte. Statt:

»Ich halte es nicht aus, das ist das Schlimmste, was passieren konnte, das werde ich nicht überleben! Es ist wirklich einfach furchtbar, warum musste das passieren, warum passiert immer mir all das, versuche ich nicht, alles richtig zu machen, warum bestraft Gott mich auf diese Weise?«

(Dazu noch eines: Immerhin traust du dich, deinen Schmerz und deine Wut zunächst ungefiltert rauszulassen, und kommst nicht gleich mit »Ich habe mir eine schwierige Lernaufgabe gestellt, und ich bitte um Hilfe dabei, sie zu meistern« – dazu kommen wir später!)

schreib:

»Susanne (natürlich schreibst du über dich selbst!) hält es für das Schlimmste, was ihr je passieren konnte, und sie glaubt, sie könne die Situation nicht überleben. Sie fragt sich selbst, warum immer ihr all das passiere, ob sie nicht alles richtig mache und warum Gott sie auf diese Weise bestrafe.«

Spürst du, was geschieht? Du nimmst den Zunder raus, und du bekommst Mitgefühl. Denn du kannst nun erkennen, was diese Frau braucht: Jemand sollte ihr sagen, dass alles wieder gut wird, und sie in die Arme nehmen. Dieser Jemand kann durchaus auch sie selbst sein!

Natürlich hast du die Wahl, sie, also in deinem Fall dich selbst, für dein Gejammer zu verurteilen (und glaub mir, dass ich selbst durchaus diese Tendenz habe, wenn ich diese Sätze mit meinem Namen lese ...). Dann schreibst du auch das:

»Susanne verurteilt sich sehr und hält ihre Worte für Gejammer.«

Irgendwann kommst du an den Punkt, an dem du ganz und gar undramatisch und voller Liebe und Mitgefühl für dich selbst da sein kannst.

Glaubenssätze loslassen

Du hast einen Aurabereich, der sich Mentalkörper nennt; zumindest hilft es, sich das vorzustellen. Dieser Mentalkörper liegt wie eine Kugel um deinen Kopf, den Nacken und die Schultern herum, durchdringt den festen, materiellen Körper. Trägst du viele Verurteilungen, Glaubenssätze und geistige Waffen mit dir herum, nutzt du gar deinen Intellekt rechthaberisch wie eine Waffe, dann hat sich dieser Mentalkörper vermutlich verdichtet und könnte nun aussehen wie eine Taucherglocke, die schwer auf deinen Schultern liegt.

 Übung

Greif doch mal bitte um deinen Kopf herum, so, als berührtest du einen großen, schweren Helm. Du wirst merken, dass deine Hände genau wissen, wie groß dieser Helm ist. Und dann nimm diesen Helm einfach ab (stell dir gegebenenfalls einen Kran vor, der dir dieses tonnenschwere Konstrukt von den Schultern nimmt ...). Es kann sein, dass es ein bisschen im Kopf zieht, auch am Nacken oder in den Schultern, vielleicht gar im Gehirn.

Erlaube dir, dich von dieser Taucherglocke zu lösen, und stell dir vor, während du die Augen schließt, wie du mit dieser Taucherglocke all deine Gedanken, deine Vorstellungen und besonders deinen Perfektionismus ablegst. Leg diese Taucherglocke vor dich hin, mach eine echte entsprechende Bewegung, damit wird es für deinen Körper real. Du lässt wirklich etwas los.

Nun stell dir bitte vor, dass sich ein Lichtball um deinen Kopf herumlegt und ihn zu durchströmen beginnt, mit klarem, reinem, funkelndem Licht, das auch deinen Nacken durchflutet und die Schultern berührt. Lichtvoll, leicht und blitzschnell strahlt die Energie dieses neuen Mentalkörpers und berührt jetzt deine Mandelkerne, gibt ihnen neue Informationen. Dieser neue Mentalkörper steht in Verbindung mit deiner Seelenebene und mit dem Höheren Selbst. (Das Höhere Selbst ist nach der Lehre einiger Autoren ein Chakra, und das erscheint mir sehr sinnvoll, während die Seele ein riesiges, weites Kraftfeld ist, das dir als Mensch nur zu einem Teil bewusst ist. Letztlich sind das willkürliche Definitionen, wenn du andere hast, dann nutze bitte die Worte, die für dich stimmig sind!)

Es ist sogar möglich, dass dein gesamter Kopf mitverschwindet, wenn du den Mentalkörper ablegst. Lass ihn neu entstehen. Es wird Zeit für neue Gedanken und neue Wahrnehmungen.

Es kann sein, dass du das ein paar Mal machen musst, um anhaltende Erleichterung zu spüren, immerhin schleppst du riesige mentale Systeme mit dir herum ...

Es Gott überlassen ...

... sagen die anonymen Suchtgruppen. Wir geben unser Bestes, und den Rest übergeben wir einer höheren Kraft. Das ist tatsächlich eine gute Idee. Wer oder was ist diese höhere Kraft? Alles, was du dafür hältst. Es ist wirklich ganz einfach. Weißt du, wenn du diese merkwürdigen Buchstaben hier siehst, wie genau dein Gehirn sie in Worte, die für dich mehr oder weniger Sinn ergeben, umsetzt? Wie das Gehirn Zusammenhänge herstellt und eigene, neue Erkenntnisse erlangt, nur weil du auf dieses Papier schaust? Niemand weiß es genau. Wir erforschen es. Aber zum Glück brauchen wir es auch nicht zu wissen, es funktioniert einfach.

Es gibt überall in der Natur größere Zusammenhänge, als uns das bewusst ist, und ihr Funktionieren hängt zum Glück nicht von unserem Verständnis ab. Nenn sie Gott. Nenn sie Natur. Nenn sie, wie du willst, und lass zu, dass eine größere Ordnung wirkt, eine höhere Schwingung, eine tiefere Weisheit. Wir geben unser Bestes, aber den Rest erledigt das Leben selbst, wenn wir es ihm gestatten oder es gar bewusst darum bitten. Warum sollten wir das erlauben oder darum bitten, geschieht es nicht sowieso? Nun, weil wir sonst nicht offen sind; die Lösungen sind vielleicht schon da, aber wir kommen vor lauter ängstlichem Festhalten nicht drauf.

Wann immer wir nicht weiterwissen, bitten wir um Hilfe. Denn dadurch öffnen wir unser eigenes kleines System, sind vollkommen aufrichtig, zeigen unsere Not und stellen uns in einen größeren Zusammenhang. Wir laden Gott ein, durch uns zu wirken, und bitten ihn, das, was wir für uns selbst nicht tun können, zu übernehmen. Das ist eine sehr einfache Art, mit Gott in Kontakt zu treten, aber wer sagt denn, dass es kompliziert sein muss?

Was geschieht dadurch? Wir verlassen unsere ängstliche innere Haltung, richten uns auf und öffnen uns wieder. Wir wechseln vom Stammhirn in den kreativen, kommunikativen und intuitiven Neocortex. Ob die Informationen dann aus unserem eigenen Gehirn, aus unserem Höheren Selbst, von Jesus Christus, Erzengel Michael, einem Krafttier, Buddha oder eben Gott, wie wir ihn verstehen, kommen, ist letztlich nicht so wichtig.

Beten und Es-Gott-Überlassen bedeutet nicht, dass wir die Hände in den Schoß legen. Im Gegenteil, oftmals kommen dadurch erst recht Impulse und Aufforderungen, mutig und kühn den eigenen Weg zu beschreiten. Vielleicht musst du dich eine Weile von jemandem fernhalten, der andere Wege geht als du, vielleicht wird es Zeit, jemanden anzurufen oder etwas, was schon lange ansteht, zu erledigen. Manchmal scheint es, als lege Gott, wenn wir ihn einladen, unser ganzes Leben auf den Prüfstand, und so ist es auch. Denn Gott einzuladen bedeutet, dass du eine hoch schwingende Lichtfrequenz in dein Leben bittest. Es ist, als spieltest du ein bestimmtes Musikstück und bätest einen begnadeten Musiker darum, die Gesangslinie zu übernehmen und sie gegebenenfalls sogar ganz neu zu schreiben. Du kannst dir vorstellen, dass du daraufhin deine eigene Komposition noch einmal überarbeiten musst – und mehr ist es nicht.

Tanze deinen Tanz

Als Perfektionist bist du nur sehr wenig in Kontakt mit deinem Körper, zumindest dann, wenn du in dein süchtiges Kontrollverhalten verfällst. Du atmest flach, und der Druck auf der Brust oder im Bauchraum wiegt schwer. Es kostet viel Kraft, diese Übung durchzuführen, denn du wechselst bewusst die Ebenen und legst den Amygdala-Schalter nach vorn – das kann echte energetische Schwerstarbeit sein.

 **Übung**

Atme das Thema, das dir gerade zu schaffen macht, tief in dich ein, nimm es in dich auf. Du kannst nur verdauen, was du geschluckt hast. Nicht alles gehört zu dir, aber die Gefühle, die es in dir auslöst, gehören schon zu dir. Leg dir eine Musik auf, die dich wirklich anspricht, sorg dafür, dass du ungestört bist, und tanze deine Gefühle, deine Not, deine Enge, deine Angst, deinen Traum.

Beweg dich, lass dich selbst los, atme laut und seufzend, gib deinem Körper Raum. Zu tanzen und zu trommeln sind die ursprünglichsten spirituellen Werkzeuge, die die Menschheit überhaupt kennt, und es gibt sie in jeder Kultur. Ja, ich schreibe das in jedem Buch. Und ich werde das so lange schreiben, bis wir es ganz selbstverständlich einfach tun.

Notfallprogramm bei akuter Scham

Wie aber hilft uns all das dabei, mit dem vernichtendsten aller Gefühle, der Scham, umzugehen, wenn sie uns gepackt hat? Wie kann uns Mitgefühl helfen, wenn wir innerlich verstummen und am liebsten den Raum, die Beziehung, die Erde verlassen möchten, weil wir nicht mehr wissen, wie wir uns mit all dem, was wir fühlen, nach außen zeigen sollen? Ich kenne das sehr gut, ich verstumme vollkommen, in mir läuft ein panisches Suchprogramm nach der »richtigen« Reaktion ab. Einfach zu sagen, was ich fühle, oder mich mit all dem, was in mir ist, zu zeigen, erscheint auf einmal unmöglich, vollkommen absurd, als würde es mich vernichten und als könnte ich alles verlieren.

Nie sind wir tiefer in emotionaler Not als in der Scham, denn wir verlieren den Kontakt mit uns; weder unser Bewusstsein noch unsere Kontrolle funktionieren. Ein bruchstückhaftes Suchprogramm läuft ab, die Amygdala feuert Angstimpulse in alle Hirnteile, und wir sind uns selbst ohnmächtig ausgeliefert.

 ## Übung

Entschuldige dich auf der Stelle bei dir selbst dafür, dass du dich in eine solche Lage gebracht hast, auch wenn dir nicht bewusst ist, wie das geschehen konnte. Warum, ist in diesem Moment egal, und was du lernen sollst, ist auch egal. All das kannst du dir später anschauen, wenn du willst. Bitte dich selbst zunächst innerlich um Vergebung dafür, dass du dir selbst all diese Gefühle zumutest.

Das kann sehr schwierig sein, denn wenn du mitten in der Scham bist, kannst du nicht denken und vergisst dieses Werkzeug. Deshalb ist es sehr schön, wenn du Menschen in deiner nahen Umgebung hast, die dich, wenn du vor Scham im Boden versinkst, daran erinnern, zu atmen und dich selbst um Vergebung zu bitten. Wenn du jemandem genügend vertraust, bitte ihn, dich zu halten, auch wenn das beinah nicht möglich ist, wenn du wirklich in der Scham »hängst«.

Schau, wie es deinem inneren Kind geht, und ruf sein Krafttier und seinen Schutzengel, damit sie sich seiner annehmen. Atme weiter. Vor allem aber lass dir Zeit und Raum.
Manchmal braucht es einfach eine Weile, um aus dem
Sumpf herauszuklettern. Du brauchst nicht immer zu funktionieren, gib dir selbst bitte die Zeit, dich zu erholen, wenn
dich die Scham überfallen hat – und das kann einfach so
passieren. Du bist gut genug, es ist alles in Ordnung, du
machst nur gerade eine sehr existenzielle Erfahrung mit
Scham, und in dieser Zeit bist du nach außen hin nicht
verfügbar. Lass dich einfach damit sein.

Eines der wertvollsten Werkzeuge steht dir zur Verfügung,
wenn du dich selbst mit deinen Gefühlen halten und AUS-
HALTEN kannst. Lass dich die Scham einfach spüren, und
tu gar nichts damit, lass sie durchlaufen wie ein Programm.
Atme, und tu nichts. Dieser Zustand hört auch wieder auf,
und DANN kannst du schauen, was dazu beigetragen hat,
was du brauchst, was du ändern darfst. Erkenne an, dass
du dich in einer akuten Notlage befindest und dass es im
Moment nur darum geht, sie zu überleben. Um den Rest
kümmerst du dich später.

Nur für heute …

Nur für heute gehe liebevoll mit dir selbst um. Heute kannst du dir eine Liste schreiben mit drei Dingen, die du liebst, die dir Kraft geben, und diese drei Dinge dann auch tun. Nur für heute schreib drei Dinge auf eine Liste, Dinge, die du längst hättest in Angriff nehmen sollen, und beginne sie. Nur für heute kannst du in einer Sache weniger perfekt und dafür lebendiger sein – such dir eine aus, und übe ganz bewusst, sie achtsam und aus dem Bauch, nicht aus der Kontrolle heraus zu erledigen. Übe dich heute darin, aufzuhören, wenn dir dein Bauchgefühl sagt, diese Sache ist fertig. Und übe dich darin, sie dann auch so zu lassen, wie sie ist.

Nur für heute kannst du dich daran erinnern, dass dein weisester Ratgeber dein Atem ist. Wann immer dir eine Situation die Luft abschnürt, ist sie nicht stimmig. Und wann immer dich eine Idee aufatmen lässt, ist es sinnvoll, sie zumindest zu überprüfen. Nur für heute kannst du dir erlauben, dich auszuruhen und dir eine bewusste Pause zu verschaffen. Und nur für heute kannst du nett sein. Freundlich. Einfach umgänglich. Die anderen können nichts für deinen inneren Zustand, lass es nicht an ihnen aus. Du schämst dich sonst doch nur wieder und fühlst dich schuldig – damit gibst du deinem Perfektionismus Dünger.

Warum nur heute? Weil wir nichts anderes haben als das Heute. Weil wir perfektionistisch sind und deshalb glauben, der Berg an Anforderungen an uns wäre zu groß, um ihn uns überhaupt vorzunehmen. Aber nur für heute kannst du es. Nur für heute kannst du achtsam sein und erkennen, welche Situationen und Menschen dir Kraft rauben und was dich nährt.

Halte dich fern vom Drama anderer

Um irgendetwas kontrollieren zu können, um gebraucht zu werden und um von uns selbst abzulenken, neigen wir Perfektionisten dazu, uns einzumischen. Wir müssen anerkennen, dass wir eine Art Kontrollsucht haben. Und wenn sich das Leben nicht kontrollieren lässt, dann kontrollieren wir eben andere, indem wir ihnen »helfen« und uns in ihr Drama hineinziehen lassen. Wie kontrolliere ich jemanden, indem ich ihm erlaube, mich in sein Drama hineinzuziehen – kontrolliert er nicht mich? Nein. Denn ich bleibe ja stehen, lasse mich ein, ich vermeide es, abgelehnt zu werden und meine eigene Leere zu spüren, indem ich mit einsteige.

Emotionales Drama ist so herrlich scheinlebendig ...

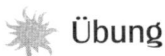 **Übung**

Nur heute, bitte ich dich, überprüfe jede Begegnung in deinem inneren Schoßraum, atme tief durch, und frag ausdrücklich dein Becken, deinen Spiritraum, was sie zu einer Begegnung und deinen Reaktionen sagen. Du wirst überrascht sein, wie nachsichtig dein Bauch sein kann, obwohl du vielleicht schon gereizt reagierst, und wie unwirsch er in Situationen wird, in denen du Verständnis aufbringen würdest. Lass dich von deinem Bauch führen, er weiß genau, welche Energien dem Leben auf der Erde dienen und welche nicht!

Der sechste Schritt

Wiedergutmachung – unsere Lebensfreude
auf die Erde holen

Es gibt neben der Erdkraft, deinem Wurzelchakra, in dem du überprüfen kannst, ob eine Idee, eine Vorstellung überhaupt »erdtauglich« ist oder ob sie im Reich der Träume und Luftschlösser besser aufgehoben ist, eine innere Kraft, die dich aus der Sucht nach Perfektion retten kann – das Künstlerkind.

Das Künstlerkind ist im Gegensatz zum inneren Kind, über das ich im Buch *Die Heilung des inneren Kindes*[1] geschrieben habe, kein Persönlichkeitsanteil, der verletzt wurde und Rettung braucht, sondern eine seelische Kraft.

Julia Cameron schreibt in ihrem Buch *Der Weg des Künstlers*[2] für mich sehr stimmig und bahnbrechend über dieses innere Künstlerkind. In diesem Schritt nähern wir uns dieser Kraft so, wie ich sie wahrnehme und verstehe.

---

1 Susanne Hühn: *Die Heilung des inneren Kindes. Sieben Schritte zur Befreiung des Selbst.* Darmstadt: Schirner, 2008.
2 Julia Cameron: *Der Weg des Künstlers. Ein spiritueller Pfad zur Aktivierung unserer Kreativität.* München: Droemer Knaur, 2000.

Dein Künstlerkind

»Ich bin kein Künstler, was soll das?«, denkst du vielleicht. Bis eben war noch alles einigermaßen schlüssig, obwohl ich dir viele spirituelle Ebenen zugemutet habe. Aber ein Künstlerkind?

Wenn du anerkennst, dass jeder, der etwas aus sich selbst heraus schöpft, genau dadurch ein Künstler ist, dann ergibt es vielleicht Sinn, sich mehr mit dem Künstlerdasein zu beschäftigen. Julia Cameron, die ich wirklich als DIE Expertin in Bezug auf die Wege, die der innere Künstler geht, anerkenne, schreibt in dem eben genannten Buch, dass der innere Künstler mehr an der Gestaltung seines Werkes interessiert sei als an blank geputzten Fußböden (außer natürlich, er drückt sich genau dadurch aus!).

Das vergesse ich immer wieder. Ich nehme mich selbst nicht als Künstlerin wahr, sondern als Lehrerin und Therapeutin, denn ich erzähle keine Geschichten, sondern beschreibe spirituelle und psychologische Zusammenhänge, so, wie ich sie verstehe, um anderen Menschen innere Räume zu öffnen und zu zeigen. Ich will dabei so genau wie möglich sein, da ist kein Raum für Schöpferisches, ich fühle mich eher wie eine Reporterin, die sich alles anschaut und es dann in Worte fasst. Es fühlt sich gut an, dass ich mich eben nicht als Künstlerin sehe, denn dadurch bleibe ich in einer Art emotionaler Nüchternheit. Mein Perfektionismus würde sich die Künstlerin krallen und von ihr eine Art

Lebensstil erwarten, der irgendwie bunter, ausgefallener, freier und spannender ist.

Also schütze ich die innere Künstlerin vor meinem Perfektionismus, indem ich sie geradezu verleugne – das ist nun auch nicht der Weisheit letzter Schluss. Natürlich liegt das nur daran, dass meine freundliche innere Antreiberin eine Vorstellung darüber hat, wie ich als Künstlerin zu sein habe, irgendwie cooler, selbstbestimmter, wahrscheinlich dünner (weil sie vor lauter Künstleraktivitäten nicht zum Essen kommt) und weniger funktionierend, wenn ein Steuerbescheid in Haus flattert. Ich frage mich ernsthaft, woher meine innere Antreiberin ein solches inneres Bild hat, wahrscheinlich aus einer Frauenzeitschrift

Meine innere Künstlerin sollte demnach etwa so sein wie ein Bohemian-Model, zauberhaft schön, ätherisch, nachlässig in wilde, sexy flatternde Chiffon-Klamotten gekleidet, mit wirrem, aber unsagbar langem und wunderschönem Haar ... Wie sie es hinkriegt, diese tollen Klamotten zu pflegen, wo sie doch dauernd mit lässigen künstlerischen Dingen beschäftigt ist, das hat meine Antreiberin nicht genug durchdacht, das muss ich zugeben. Es ist außerdem nicht möglich, sexy flatternde Chiffonklamotten nachlässig anzuziehen, sonst zerreißen sie, das nur am Rande.

Es ist einfach nicht zu fassen, was ich für innere Bilder mit mir herumschleppe, und noch weniger ist es zu fassen, wie ernst mein Unterbewusstsein diese Bilder nimmt. Eben nicht wie ein Bild, sondern wie einen Auftrag, die einzig mögliche und akzeptable Form. Mein Stammhirn ist sehr daran interessiert, Vorstellungen zu entsprechen, was einfach nur zeigt, wie verängstigt mein inneres Kind ist und wie wenig ich mich selbst als das, was ich tatsächlich bin, wahrnehme. Die konstruierte Blaupause dieser unsagbar schönen Künstlerin lähmt mich dermaßen, dass ich mit total anmaßend vorkäme, wenn ich über mich als Künstlerin reden würde. Geht es verrückter?

Meine wahre innere Künstlerin legt absolut gar keinen Wert auf ihr Äußeres, ich kann durchaus den ganzen Tag im meinem kuscheligen pinkfarbenen Bademantel durchs Haus schlurfen und dieses Buch schreiben, ungekämmt, die Fingernägel voller Farbe vom Streichen meiner Wände. (Oder ich trage eine Jogginghose, ebenfalls voller Farbe, und einen Arbeitskittel, auch das sieht weder süß noch sexy oder künstlerisch aus). Nicht mal ordentlich genug angezogen, um dem Postboten die Tür zu öffnen. Ich mache es dennoch, weil es mir wirklich egal ist, aber ich fühle mich damit nicht als die tolle Künstlerin, die ich meine, sein zu müssen. Erkennst du diese Absurdität?

Warum erzähle ich dir das? Weil du dich natürlich darin wiederfindest. Vielleicht ist für dich das Wort »Künstler« mit Schulden, Armut und sehr wenig Bodenhaftung besetzt oder mit einem so exzentrischen, künstlichen Bild behaftet, dass du dir nicht erlaubst, dich selbst als Künstler anzuerkennen. Doch das bist du. Du bringst dein Innerstes nach außen, in allem, was du tust, und damit bist du schöpferisch tätig, also ein Künstler. Es wird Zeit, dass du diese Energie pflegst, die innere Quelle besuchst, dich in ihr ausruhst und aus ihr schöpfst.

Hier ist ein inneres Bild dazu, das du in einer inneren Reise anschauen und nutzen kannst, wenn du magst:

Die Quelle deiner Ausdruckskraft

Mach es dir bequem, geh in deiner Vorstellung durch ein Tor, und finde dich in einer zauberhaften Landschaft wieder, in einem inneren Paradies. Du gehst ein wenig spazieren, entspannst dich, lässt alles Äußere abfallen. Du trägst einen Mantel oder einen Umhang, spürst du, und in diesen sind viele Vorstellungen, die andere von dir haben, eingewebt.

Lächelnd legst du diesen Mantel ab. Unter diesem Mantel trägst du eine zweite Schicht – der Stoff besteht aus den Vorstellungen, die du über dich selbst hast. Auch diesen Mantel legst du sanft und lächelnd ab. Du kannst diese Schichten gar nicht oft genug ablegen, wenn du perfektionistisch bist, insofern wundere dich nicht, wenn du sie immer wieder an dir entdeckst. Streif sie einfach mitfühlend und lächelnd ab

– du bist ein Mensch, diese Energien gehören dazu wie der Staub, der sich immer wieder in den Zimmerecken sammelt.

Auf einmal bemerkst du ein zweites Tor. Dieses Tor scheint zu summen und zu singen, es besteht aus reiner Lebensenergie. Du gehst auf das Tor zu und spürst seine Kraft, spürst, wie es dich anzieht und gleichzeitig dein Innerstes nach außen zu kehren scheint; es ist, als könntest du dich selbst in deiner wahren Gestalt erkennen. Du näherst dich dem Tor, und du erkennst, dass du bewusst dazu bereit sein musst, dieses Tor zu durchschreiten, denn es wird dich verändern. Du erkennst aber auch, DASS du bereit bist, und so durchschreitest du dieses Tor. Es saugt alles aus dir heraus, was nicht zu dir gehört, jede Vorstellung und alles, was du dir anerzogen und aufgesetzt hast. Es lässt nur deine wahre Essenz durch, deine seelische, aber auch deine menschliche wahre Essenz. Du brauchst nicht zu wissen, was das ist. Das Tor weiß es, und deshalb fühlst du es auch.

In deiner wahren Essenz stehst du nun hinter dem Tor und bemerkst eine so kraftvolle und schimmernde Quelle, wie du sie noch nie gesehen hast. Es kann sein, dass Wasser aus dieser Quelle strömt, möglicherweise ist es aber auch flüssiges Silber oder Gold, regenbogenfarbenes Licht oder eine andere Energie. Diese Quelle ist vollkommen unversehrt und rein, und du bist entzückt über ihre funkelnde Schönheit.

*Es kann sein, dass du nun erkennst, wie wenig du aus die-
ser Quelle geschöpft hast, wie sehr du versucht hast, deine
Inspiration aus dir selbst heraus zu erschaffen, um Ziele zu
erreichen. Oder du nimmst wahr, wie sehr du die Kraft dieser Quelle in dir ignoriert hast, um nicht in Schwierigkeiten
mit deinem sorgfältig gezüchteten und kontrollierten Leben
zu geraten – womöglich auch beides.*

*Setz dich an diese Quelle. Trink aus ihr, wasch dich mit ih-
rem Wasser, mit ihrer Energie, und bade darin. Nimm dir
bitte wirklich viel Zeit, an dieser Quelle zu sitzen, und hör ihr
zu. Lass die Energie dieser Quelle in all deine Lebensbereiche fließen, indem du sie einatmest und sie beim Ausatmen
in dein äußeres Leben pustest. Damit beseelst du wie ein
Schamane dein manifestiertes äußeres Leben und hauchst
ihm neue Kraft, spannende Ideen und spielerische Leichtigkeit ein.*

*Diese Quelle ist privat, geheim, sie gehört nur dir, und nur
du in deiner wahren Essenz kannst durch das Tor treten, das
diese Quelle schützt. Sie lässt sich nicht missbrauchen, du
hast nur Zugang zu ihrer Kraft, wenn du in deiner wahren
Gestalt und ohne Absicht zu ihr kommst – das spürst du
ganz deutlich. Du erkennst, dass du dir bewusst Zeit nehmen musst, um aus dieser Kraft zu schöpfen, denn sie ist
zwar immer da, aber du findest sie nur, wenn du bewusst*

alle Hüllen ablegst und dich ihr in deiner wahren Gestalt zeigst. Sie ist unverletzbar, denn das Tor schützt sie.

Immer stärker spürst du ihre Kraft, sie durchströmt dich, gibt dir Mut und Freude zurück, lässt womöglich dein Herz schneller schlagen und schenkt dir neue Ideen. Halte dich bitte bewusst zurück, versuch nicht gleich, alle diese Energien in Gedanken in die Tat umzusetzen, sonst beutest du sie für einen Zweck aus. Lass zu, dass sich die Energie in dir sammelt und dich neu belebt. Der Ausdruck findet sich von allein, wenn du, deine Organe, dein Blut, dein Herz, alles, vor Freude am Erschaffen singt und vibriert.

Bleib noch ein wenig an der Quelle, und geh dann zurück – akzeptiere, dass du auf deinem Weg zurück in die Außenwelt das eine oder andere Kleidungsstück wieder anziehst. Das macht nichts, du weißt ja nun, wie unwichtig das in Wahrheit ist, denn du hast erlebt, wie sich deine wahre Essenz anfühlt.

Echter Frieden kommt, wenn du akzeptierst, dass du in der äußeren Welt der Manifestationen das eine oder andere Kleidungsstück trägst, auf die eine oder andere Weise auch Erwartungen und Vorstellungen entsprichst – aber das BIST du nicht. Du bist deine wahre Essenz, als Seele, aber auch als Mensch, in jeder Hinsicht und in jeder Dimension.

Mein inneres Künstlerkind sagt Folgendes:

Ich bin gekommen, um deine höchsten Energien spielerisch und freudig in die Tat umzusetzen, ich bin die Kraft, die zaubern kann, die das Leben feiert und die mit den Energien spielt. Ich spiele mit der Erde, ich bringe Freude, ich bin frei und losgelöst. Meine Absicht ist es, auszuprobieren, schöpferisch zu sein, voller Freude am Leben auf der Erde mit der Materie zu tanzen. Ich füge Seelenlicht, Schöpferenergie und materielle Kraft zusammen und bin dabei vollkommen frei von Absichten und Vorstellungen, ich bin reine, losgelöste Freude am Erschaffen.

Mein inneres Künstlerkind hat nichts zu tun mit dem Engel in mir, der mit einem klaren spirituellen Wunsch hier ist, oder mit der inneren Hohepriesterin, die einen spirituellen Lehrauftrag hat(te) –, es hat eine ganz andere Energie. Es spielt mit der Erde. Es probiert völlig ohne Absicht einfach aus, wie sich Energie schöpferisch umsetzen lässt. Es ist licht, leicht, freudig, verspielt, träumerisch, es hat keinen Plan und kein Ziel, außer wie ein Kind im Sandkasten vor sich hin zu spielen und auszuprobieren, was man mit Förmchen, Wasser und Sand so alles machen kann, wenn man nichts machen muss.

Es dient unter keinen Umständen der Vermeidung und der Angst, und es lässt sich nicht für bestimmte Zwecke einspannen, sondern es lebt und wirkt nur in völliger Freiheit. Es lässt sich in keiner Weise domestizieren. Es kommt einfach nicht, wenn es einen Zweck erfüllen soll. Wenn du dir in deinem Leben keine Freiräume schaffst, dann wird dieses innere Kind keinen Raum zum Spielen finden. Es ist sehr eigensinnig und wenig kooperativ, es will seine Energien mit Erdkraft verbinden, es will ausprobieren und dabei ungestört sein – zum Glück, denn es schützt seine immense Lebendigkeit vor egoistischem, weil angsterfülltem Zugriff, auch und besonders vor deinem. Es lässt sich vor keinen Karren spannen, es spielt nur, wenn du jede Absicht und jeden Druck loslässt und bewusste Auszeiten erschaffst. Dann aber, wenn du das tust, erfährst du die reine, ungetrübte Freude am Sein, am Erschaffen, am absichtslosen, selbstvergessenen Schöpfen.

Ganz bestimmt hast auch du dieses innere Kind nie wirklich frei kennengelernt – denn selbst wenn wir als Kinder frei spielten, so waren wir bereits von unbewussten Absichten durchdrungen, von Vermeidungen, Angst vor Strafe oder der Sorge um unsere Eltern; wir versuchten, die Familie zusammenzuhalten oder uns und andere zu beschützen. Warum bilde ich mir ein, das über dich zu wissen? Weil du andernfalls nicht perfektionssüchtig geworden wärst.

Was ist der Unterschied zwischen dem inneren Kind, das wir kennen, und dem Künstlerkind? Zunächst – all das sind Worte. Es sind keine festgelegten, definierten Begriffe, sondern Worte, die du auch anders nutzen kannst. Sicher kennst du das Künstlerkind, du nennst es nur ganz anders. So lass mich dir erklären, was ich meine, damit du es in deine Sprache übertragen kannst – und natürlich bist du frei, meine Worte durchzustreichen und deine Begriffe einzusetzen[3].

Das Künstlerkind ist, wie vorher schon kurz angesprochen, ein Seelenanteil, der unverletzbar ist, er zeigt sich einfach nicht, wenn der Raum dafür nicht da ist. Es kommt mit unbändiger, schöpferischer Freude, und das Wichtigste: Es kommt ohne Absicht, frei, es dient keinem übergeordneten Ziel, sondern es schenkt die reine Freude am Spielen mit der Materie. Es zieht sich sofort zurück, wenn wir Druck ausüben oder unter Druck stehen, denn sein innerstes Wesen ist Freiheit. Es lässt sich in keiner Weise vermarkten, zeigt sich immer dann, wenn wir uns erlauben, frei und ohne Ziel schöpferisch tätig zu sein, beim Malen, Tanzen, Schreiben, Blumenpflanzen und -gießen und bei allem, was du gern tust. Allerdings zeigt es sich nicht, um Feng-Shui-Regeln zu entsprechen oder um etwas besonders gut zu machen.

---

3 Es ist sowieso sinnvoll, mit einem Stift in der Hand zu lesen, damit du deine Gedanken und Geistesblitze sofort an den Rand schreiben kannst. Außerdem streiche bitte alles, was für dich nicht stimmt, damit es dich nicht länger unnötig beschäftigt! Es ist meine Sicht der Dinge, und sie ist, wie sicherlich jede andere Sicht auch, unvollständig und subjektiv.

Es ist einfach schöpferisch, und wenn das, was es tut, nicht gut wird, ist es egal, denn das Künstlerkind zeigt sich im Tun, im Ausdruck, im leichten, zweckfreien Umsetzen von Ideen in Taten. Es zeigt sich im Pinselstrich, nicht im streifenfreien Ergebnis, im Tanz, nicht im Kalorienverbrauch, im Kochen, nicht im umfassenden Bewirten von Gästen, auch nicht im Versorgen deiner Lieben. Verstehst du? Es lässt sich so schwer in Worte fassen, weil Worte zu kopflastig sind. Es zeigt sich im selbstvergessenen Tun, im Flow. Es ist nicht so von einem möglichst guten Ergebnis besessen, wie wir das oftmals erleben. Es ist mehr am Tun interessiert. Diesem Seelenanteil ist es egal, ob andere das, was er erschafft, mögen, schön finden oder gar bezahlen würden, die einzige Absicht (nun doch eine Absicht, aber sie ist nicht bewusst, da sind weder Druck noch Willenskraft, sondern es geht um absichtsloses Spielen) ist, sich selbst so deutlich und unverfälscht wie möglich in der Materie zu spiegeln. Dieser Aspekt ist feinstofflich, das bist nicht du selbst als Kind, und es ist auch kein Teil deines emotionalen Systems, sondern er ist die reine Freude am freien Erschaffen. Es mag sein, dass dieser Seelenanteil oft bei dir war, als du ein Kind warst, aber es ist nicht dein inneres Kind.

Das innere Kind, über das ich schon viel geschrieben habe, ist ein Persönlichkeitsanteil, es ist irdisch und verbunden mit deinem Körper. Das bist du selbst als Kind, als besonders emotionales und verletzliches irdisches Wesen. Dieses innere Kind

steht in Kontakt mit deinem Emotionalkörper, und es ist ein
sehr mitfühlender, liebevoller, kreativer, aber auch sehr kindli-
cher und damit unreifer Anteil deines Menschseins. Mit »unreif«
meine ich, dass dieses innere Kind nicht dazu in der Lage ist,
dein Leben zu meistern, es kann nicht entscheiden, es hat keine
ausgeprägten kognitiven Fähigkeiten, sondern es fühlt einfach.
Es kann noch nicht zwischen sich und der Außenwelt unterscheiden und bezieht alles, was geschieht, unmittelbar auf sich.
(Später, wenn wir gereift sind, tun wir das auf einer hohen spirituellen Ebene auch, damit wir Verantwortung übernehmen können, doch wir können die Ebenen unterscheiden und wissen, für
welche Aspekte wir persönlich verantwortlich sind und was wir
beim anderen lassen dürfen.)

Das innere Kind gehört untrennbar dazu und braucht dich, den
Erwachsenen, der es wahrnimmt und beschützt. Dieses Kind
braucht zudem Trost, es braucht Sicherheit und einen Raum,
in dem es sich wohlfühlt, vorzugsweise in deinem Herzen. Es
braucht jemanden, der all das für es tut, was Kinder nicht für
sich selbst tun können – also eine Mutter, einen Vater. Dieses
innere Kind ist immer da, es lässt sich nicht ignorieren, es zeigt
sich, weil es auf der Erde lebt und einen großen Teil deines
Menschseins, deiner Psyche, ausmacht.

(Das Wort »Psyche« ist nicht ganz stimmig, denn es wird oft
mit »Seele« gleichgesetzt, aber ich verstehe unter der Seele et-

was anderes als unter unseren Emotionalgeflechten und Mental-
mustern – diese bezeichne ich nämlich mit »Psyche«. Die Seele,
wie ich sie verstehe, ist der nicht stoffliche, lichte Energieraum,
der multidimensional und nicht menschlich ist, sondern sich im
Menschsein ausprobiert und erfährt, aber nicht davon abhängt.
Das Menschsein hängt von der Seele ab, aber nicht umgekehrt.
Die Seele erfährt sich selbst und wirkt auch in vielen anderen
Dimensionen und Welten.)

Wenn du genauer erkennen willst, worüber ich spreche, dann
hilft dir vielleicht folgende Technik, die ich immer wieder nutze
und auch in anderen Büchern beschrieben habe:

Stell es dir auf. Das meint, nimm zwei Blatt Papier, schreib auf
das eine »Inneres Kind« und auf das andere »Künstlerkind«.
Dann leg die beiden Blätter ganz intuitiv auf den Boden, dahin,
wohin sie dich ziehen. Entspanne dich, bitte die entsprechenden Energien, sich dir zu zeigen, und stell dich zunächst auf das
eine, dann auf das andere Blatt. Möglicherweise fühlen sie sich
ganz unterschiedlich an.

**Das innere Kind zeigt sich mir als Kind, als Mensch; das Künst-
lerkind erscheint als Zauberwesen, mal wie eine Meerjungfrau, mal wie eine Elfe, dann wieder wie eine zarte Feenge-
stalt. Es ist eine Energie, ein Kraftfeld, ein Potenzial, keine
gelebte Erfahrung wie das innere Kind.**

Und hier ist die Brücke zu der schönen ätherischen Model-Künstlerin, über die ich vorhin gesprochen habe: Das Künstlerkind hat genau diese Energie. Es fühlt sich zauberhaft, wild, frei und ungezähmt an, dabei licht, leicht, freudvoll, märchenhaft. Es manifestiert sich allerdings über die Tat, über seinen gelebten Ausdruck, nicht über Körperform, Klamotten und Frisur, da hat meine innere Antreiberin etwas verwechselt ...

Unsere idealistische Vorstellung ist oftmals durchaus gerechtfertigt, aber das, was wir uns vorstellen, ist die energetische Blaupause, ein Näherungswert, eine Energieform, nicht das, was sich am Ende tatsächlich auf der Erde zeigt. Unsere innere Schale, unser Feuer, unsere Erdkraft weiß das. Wenn wir das verstehen, wahrhaft verstehen, dann sind wir frei.

Wie können wir diesem Künstlerkind Raum geben? Hier sind zehn Tipps, kleine und nicht ganz so kleine:

1. Such dir ein Hobby.

Etwas, worin du nicht gut sein musst, womit du kein Geld verdienst, etwas, was keine Außenwirkung hat, sondern etwas, wobei du in dir selbst schwelgen und spazieren gehen kannst. Es gibt diesen Spruch: Etwas, was es wert ist, getan zu werden, ist es auch wert, gut getan zu werden. Vergiss ihn, das lähmt dich nur wieder, und als Perfektionist bist du sowieso Meister (also perfekt!) darin, dich zu entmutigen. Julia Cameron sagt dazu: Wir sollten akzeptieren, dass alles, was es wert ist, getan zu werden, auch schlecht getan werden darf – die Hauptsache ist, es wird getan![4] Du gibst doch sowieso dein Bestes, anders geht es ja gar nicht. Es ist gut genug. Es ist super. Und außerdem ist es völlig gleichgültig, die Hauptsache ist eben, du machst es.

Such dir ein Hobby, das dich erdet, bei dem du etwas gestaltest, dir die Hände schmutzig machst und schöpferisch bist. Backe, koche, stell etwas her, setz deine Ideen in Taten um, ohne dass sie einen Zweck erfüllen müssen oder ein Publikum brauchen. Und ja, das braucht Zeit. Und ja, es kostet womöglich auch Geld. Du kannst vielleicht noch nicht erfassen, wie wichtig es ist, dass du einen Lebensbereich, in dem du spielen kannst, pflegst, hütest und kultivierst. Mit Farben, mit sinnlichem Material, mit Erde, mit Stoffen, mit Metall, mit Holz, mit Papier, mit Backzutaten.

2. Nimm dir Zeit dafür, etwas zu tun, was dir Spaß macht.

So banal es auch klingen mag, so schwierig ist es umzusetzen (warte auf Punkt drei, wenn dir nichts einfällt!). Das schreibt jeder, das weiß jeder, daran ist nichts neu. Aber tun wir es? Nein.

---

4 Julia Cameron: *Inspirationen. Schritte auf dem Weg zum Künstler.* München: Droemer Knaur, 2003.

Da gibt es immer noch eine E-Mail oder eine SMS zu beantworten, einen Termin zu machen oder einen einzuhalten, rasch
etwas zu kochen, zu putzen, zu versorgen oder wegzuarbeiten.
Wir folgen nicht mehr unserem physischen Tempo, sondern wir
lassen zu, dass unsere blitzschnellen Gedanken und Ideen den
Rhythmus des Lebens auf der Erde bestimmen – weil die Technik das oft möglich macht.

Wir sind aber hier, um unsere Gedanken, unsere Gefühle und
unseren Körper in Überstimmung zu nutzen, zu fühlen, zu erfahren. Das ist schwierig, weil die Gedanken, die Gefühle und
der Körper unterschiedliche Tempi haben. Die Gefühle sind
manchmal sehr im Verzug, und der Körper folgt den geistigen
Impulsen manchmal gar nicht. Unsere Gedanken sind völlig
überfüttert mit Informationen, die wir nicht sorgfältig verarbei-
ten – denn dazu haben wir keine Zeit. Unsere Amygdala feuert
Impulse ins Stammhirn, doch wir zappen oder surfen weiter,
noch bevor wir auch nur bemerkt haben, dass wir berührt und
damit auf jeder Ebene reaktionsbereit sind. In uns stapeln sich
Reaktionen auf alle möglichen Ereignisse, Reaktionen, die wir
nie ausgeführt, denen wir nie Beachtung geschenkt haben.

Kein Wunder, dass wir völlig gestresst sind – und damit einen
hervorragenden Humus gezüchtet haben für unsere Idee, wir
seien nicht gut genug. Lässt du einen Esssüchtigen in einer Scho-
koladenfabrik arbeiten? Hoffentlich nicht. So widerstehe der Ver-

suchung, dich selbst unter unnötigen Zeitdruck zu setzen, das ist wie Dope für dein inneres Bestrafungssystem, weil du dann nämlich Angst bekommst, »es nicht zu schaffen«. Die Amygdala klickt nach hinten – spürst du dein Stammhirn blinken?

3. Mach dir eine Spaßbox.

Das habe ich schon mal geschrieben, im Buch *Was dir Kraft gibt*[5], und es passt auch gut hierher. Schreib dir Zettel mit all dem, was dir Freude macht, egal wie unsinnig, teuer oder weit hergeholt es auch zu sein scheint. »Auf einem Einhorn reiten« darf ruhig draufstehen, auch »mit einem Drachen um die Wette Feuer speien« oder »einen Regenbogen hinunterrutschen«. Mal wieder in Pacific Grove in Kalifornien an der mit rosa Blümchen bewachsenen Küste zu sitzen und den Wellen zuzuschauen, wie sie sich an den Felsen brechen – das ist mein (kostspieliger) Traum.

Schreib dir bitte mindestens zwanzig Zettel, lass dir Zeit damit, gib dir innerlich die Erlaubnis, und dann schreib, wann immer dir was auch immer einfällt. Du kannst durchaus in einem Meeting einen Spaßzettel schreiben. Schreib den Zettel bitte gleich, wenn du den Impuls dazu hast, bevor dieser wieder weg ist. Beklebe oder bemale eine schöne Schachtel, oder besorge dir

5 Susanne Hühn: *Was dir Kraft gibt. Kleine Rituale für das tägliche Glück.* Darmstadt: Schirner, 2010.

eine. Auch das darf Spaß machen. Leg dann all diese Zettel in die Spaßbox, und füll sie nach und nach auf. Diese Spaßbox ist deine Schatzkiste. Wann immer du gestresst bist, nimm dir die Schachtel, schütte ihren Inhalt aus, lies all deine Schätze durch, und erinnere dich an die Freude, an die Weite, an die Freiheit, die du beim Schreiben gespürt hast. Und schon klickt deine Amygdala wieder nach vorn, in Richtung Kreativität und intuitive Intelligenz – hier ist kein Platz für Perfektionismus.

Natürlich ist es eine ganz besondere Freude, wenn du die eine oder andere deiner Ideen in Taten umsetzen kannst, aber lass dich nicht von (eventuell nur momentaner) irdischer Undurchführbarkeit davon abhalten, deine schönsten Ideen auf Zettel zu schreiben!

Mein inneres Künstlerkind hält es für eine wundervolle Idee, als Meerjungfrau durchs Meer zu schwimmen, und ich kann diese unbändige Freude und Wildheit (und die langen Haarsträhnen, die um meinen Kopf herumschweben) spüren, auch wenn ich nicht tauchen kann.

4. Beweg dich!

Dein Körper ist niemals perfektionistisch, er hat nie Angst davor, nicht gut genug zu sein (Angst hat er natürlich durchaus, zum Beispiel davor, sich zu verletzen, aber diese Angst ist real und lässt dich entsprechend achtsam sein). Er hat einfach Spaß an der Bewegung. So finde ein Training, das dir wirklich Freude macht, und, jetzt kommt der Trick: MACH ES AUCH! Du hast eine Sucht. Du bist süchtig danach, dich nicht gut genug zu fühlen. Das klingt absurd, aber die Sucht nach Alkohol, Tabak oder Zucker zeugt auch nicht gerade von besonderer Schlauheit. Du brauchst starke Gegenmittel, und Bewegung ist eines, das immer wirkt. Geh tanzen. Mach Zumba. Schüttele dich durch die dynamische Meditation von Osho, oder tanze die fünf Rhythmen von Gabrielle Roth. Setz dich aufs Fahrrad oder geh Rollschuhlaufen (nein, du musst nicht inlinern, wenn du es nicht kannst, es dürfen auch die guten alten Rollschuhe sein).

Sei nicht gut dabei, setz dir keine Trainingszeit, vergiss deinen Hintern, und hab Spaß. Und bitte: Mach es einfach. Just do it! Es gibt keinen Trick außer den, in die Tat zu kommen. (Und weil das eben so ist, gehe ich jetzt ins Training.)

5. Such Unperfektes!

Geh bitte in die Natur, und such dir mindestens zehn für unsere menschlichen Augen und Nasen nicht perfekte Pflanzen, Tiere und Substanzen. Lass dir Zeit, sie wirklich anzuschauen und ihr Nichtperfektsein bewusst wahrzunehmen. Du darfst sie auch bewerten und beurteilen, du darfst sie hässlich finden; und niemand sagt, dass du dir die Pflanzen in die Vase stellen sollst. Betrachte das angefressene Blatt. Die Maden in der Biotonne. Die Rose, die zerknittert ist. Die Nacktschnecken. Den Hundekot. Die alles überwuchernden Brombeerranken, die wild sprießenden Brennnesseln.

Zehn Dinge. Schau bitte genau hin. Und dann bemerke ganz und gar bewusst, dass die Natur all diese nicht perfekten oder für uns unangenehmen Formen zulässt und mit Leben füllt. Stell dir deine Mandelkerne im Gehirn vor, und sag ihnen, sie sollen sich ganz ausdrücklich merken, dass das Leben keinen Wert auf perfekte, uns gefällige Formen und Gerüche legt. Die Form und der Geruch spielen nur insofern eine Rolle, als dass sie praktikabel und zweckdienlich sein müssen.

Dazu ein Beispiel: Gerade vor zwei Tagen hörte ich eine Frau sagen, es sei schade, dass die Baumblüte schon wieder vorbei sei, sie müsse Abschied von dieser Schönheit nehmen. Nun, so sehr uns die kurze Dauer der Baumblüte auch lehrt, im Jetzt, im

Moment anwesend zu sein (sonst verpassen wir sie), so sehr zeigt sich hier auch das Wesen der Natur: Es geht nicht um Schönheit. Schönheit ist nichts als ein Mittel zum Zweck. Die Baumblüte dient einzig und allein der Fortpflanzung, sie hat keinen Selbstzweck. Sie dient dem Leben und wird sofort »abgeschafft«, wenn der Prozess weitergeht. Der Baum lässt los, er hält nicht an seiner rosa oder weißen Pracht fest, sondern er dient dem Lebensprozess. Seine Wirkung interessiert ihn nicht, er hat eben kein Ego.

Es ist wirklich wichtig, dass deine Amygdala die Erfahrung macht, dass das Leben unabhängig von Perfektion fließt. Der Lebensenergie ist es egal, wie eine Blüte geformt ist, wenn sie gesund ist und ihren Fortpflanzungszweck erfüllt. Der Lebensenergie ist es auch egal, wie »perfekt« du selbst bist, wenn du nur auf gesunde Weise deinen eigenen Impulsen folgst – wenn du den Tanz, den das Leben dir anbietet, annimmst und tanzt. Bist du perfektionistisch, so tanzt du deinen eigenen Tanz und gibst dem Leben einen Korb ...

6. Trommle!

Der Schlag der Trommel berührt auf sehr gesunde und erdende Weise dein Stammhirn und erlaubt dir, dich selbst auf ursprünglichste, einfachste Weise auszudrücken. Trommeln ist das ultimative Werkzeug gegen das, was wir in den anonymen Suchtselbsthilfegruppen »Hirnfick« nennen – dieses ewige Kreisen der Gedanken, die sich ständig selbst hinterfragen und die hinter jeder Idee einen Glaubenssatz, eine Falle oder eine tiefer liegende Problematik suchen. Du hältst dich im mentalen Kreislauf gefangen, um nicht in die Tat kommen zu müssen.

Trommeln ist eine Tat und holt dich blitzschnell in den Körper und in deine ureigene Weisheit und Erdung zurück. Durch die Trommel verbindest du dich mit jedem Menschen, der jemals mit der Trommel Energien geholt, geheilt und erlöst hat. Trommeln ist Tanz, ist schöpferisches Menschsein, ist die ursprünglichste Form der Musik, die Reinform der seelischen Ausdruckskraft. Bau dir selbst eine Trommel, lass dir eine bauen, oder kauf dir eine bereits fertige – aber probiere sie dann vorher aus, damit du merkst, ob sie wirklich »deine« ist.

7. Vermeide emotionalen und mentalen Junk!

Das ist ganz einfach und doch so schwierig umzusetzen, weil niedrig schwingende Energie offensichtlich einen systemimmanenten Sog hat. Halte dich fern von Gedanken- und Gefühlsverschmutzung. Lass nicht zu, dass du deine eigene Lebenszeit verschwendest, indem du dir Filme anschaust, die dich nicht interessieren, Meldungen liest, die dich runterziehen oder dich auf diese ungesunde Weise aufwühlen. Halte dich fern von Tratsch und den

Meinungen anderer, wenn sie nicht sorgfältig, differenziert und klug durchdacht sind und dich nicht wahrhaft bereichern.

Die meisten Meinungen haben nichts mit echtem Wissen oder fundierten Informationen zu tun, auch nicht mit gefühlter Wahrheit, sondern sie spiegeln völlig subjektive, unreflektierte Anschauungen wider. Halte Abstand, wenn dich jemand in sein emotionales Drama verwickelt. Du lässt dich, perfektionistisch wie du bist, sowieso sehr leicht ablenken, verlierst deine Mitte aus dem Blick, das, was du fühlst und was du wirklich aus dem Herzen heraus verwirklichen willst. Manche von uns suchen geradezu nach einem fremden Drama, um das sie sich kümmern oder über das sie sich aufregen können, um sich ja nicht selbst spüren zu müssen – auch das kann süchtige Ausmaße annehmen! Es ist leicht, emotionales Drama mit Lebendigkeit zu verwechseln, aber es ist künstliche, selbst erschaffene Energie und kickt dich aus deiner Mitte. Also halte Abstand, denn das Künstlerkind kommt und wirkt nur in einer Geisteshaltung von Freude und Schöpferbewusstsein.

8. Richte eine Spielecke ein!

Hast du einen Ort in deiner Wohnung, der deiner Kreativität dient? Wenn nicht, dann richte ihn dir bitte ein, einen Altar deiner spielerischen Ausdruckskraft. Und auch wenn das viel leichter geschrieben als getan ist, so ist es doch für die meisten durchaus machbar. Selbst wenn es nur eine Schublade ist – du brauchst einen Ort, an dem du Schätze sammeln und kreativ sein kannst. Füll die bereits bestehende Form, schreibt Julia Cameron, und das kann ich gar nicht oft genug sagen.

Lähm dich nicht, indem du erst ein Atelier mit idealem Licht suchst, bevor du zum Dachshaarpinsel greifst, oder indem du einen nagelneuen Laptop, einen Verleger und drei Anschlussbuchverträge brauchst, bevor du deinen Roman beginnst. Mach es einfach. Wenn du etwas anmalen willst, dann mal etwas an, es ist so einfach, du lähmst dich sonst nur wieder mit Ausreden. Richte dir eine Ecke im Keller ein, mal die Wände gelb an oder grasgrün oder so, wie es deinem Künstlerkind gefällt, und stell dir, wenn nötig, ein Heizöfchen dazu. (Und komm vom hohen Ross runter, die meisten Männer werkeln im Keller, warum nicht auch wir?) Verstehst du, du brauchst RAUM für dich. Jede Handlung, die diesen Raum zu erschaffen beginnt, steigt als Absichtserklärung in den Kosmos auf, mitten hinein in deine Seele. Damit ziehst du mehr Raum an, innen und außen. Es sind nicht nur die Gedanken, die Energie anziehen, das ist nur der erste elektrische Impuls. Auf der Erde ist es letztlich die Handlung, die Kreise zieht, denn auf der Erde geht es nun mal darum, zu lernen, dass die Dinge Zeit brauchen, wachsen wollen und einen eigenen Rhythmus haben. Die Erde und die Natur erlauben keine übermäßigen Abkürzungen.

Denn wozu brauchen wir noch mal das Künstlerkind? Als starkes Gegenmittel für unsere Sucht danach, alles perfekt machen zu wollen und uns nie gut genug zu fühlen – das Künstlerkind fragt nie nach einem Ergebnis, es lebt in seiner eigenen Welt und öffnet uns damit innere Räume der Freude und der eigenen Schöpferkraft, an die wir ohne es nicht gelangen können.

Und je mehr deine Aura, dein Energiesystem, mit dir selbst ausgefüllt ist, desto weniger Platz hast du für absurde Konstrukte darüber, wie du zu sein hast und auf welche Weise du dein Leben meistern solltest. Du füllst dich mit dir selbst auf, und eine Spielecke einzurichten gibt dir selbst eine wichtige Nachricht: Du hörst auf, nur zu funktionieren, und beginnst, deine eigene Ausdruckskraft und deine schöpferische Freude ernst zu nehmen und zu kultivieren – du übernimmst Verantwortung für deine Lebensfreude.

9. Bis hierhin und nicht weiter!

»Stopp! Sofort aufhören! Hier ist Schluss! Raus hier! Ich stehe nicht zur Verfügung!« Wann hast du diese Sätze zum letzten Mal gesagt? Aha. Und wann hättest du sie zuletzt am liebsten gesagt?

Du bist einzigartig. Und je bewusster dir deine Einzigartigkeit wird, desto freier wirst du darin, auch deine Grenzen anzuerkennen und zu zeigen. Deine Grenzen anzuerkennen mag andere Menschen deiner Meinung nach verletzen. Du hast Sorge, zum Egoisten zu werden, wenn du dich um das kümmerst, wofür du tatsächlich verantwortlich bist. Doch schau bitte genauer hin. Dient dir deine Grenzenlosigkeit nicht auch? Ist es nicht eine wunderbare Ausrede dafür, eben nicht die Verantwortung für das, was du wirklich willst, zu tragen? Befürchtest du die Ablehnung, den Liebesverlust der anderen, wenn du einmal Nein sagst und die Dinge in deiner Zeit, auf deine Weise und in der für dich angemessenen Form erledigst?

Der Unterschied zwischen Egoismus und Selbstfürsorge ist folgender: Im Egoismus gibst du auch das nicht, was du gut und leicht geben könntest, du verweigerst dich, du behältst deine Energie fest bei dir – auch die, die gern geteilt werden will. In der Selbstfürsorge dagegen gibst du gern und mit leichtem Herzen, aber du kannst genau spüren, ob du etwas geben willst oder ob sich der andere woanders Unterstützung suchen muss. Der Vollständigkeit halber: In der Co-Abhängigkeit gibst du auch das, was du dringend für dich selbst brauchst, und nötigst damit andere, nun wiederum für dich zu sorgen! In deiner Einzigartigkeit hast du eine ganz bestimmte Frequenz, eine ganz bestimmte Schwingung. Diese Schwingung dient nicht jedem, nicht jeder Notruf ist an dich gerichtet, auch wenn du ihm empfängst – sogar dann nicht, wenn der andere ausdrücklich deine Nummer wählt.

Du allein weißt, wo du helfen kannst und wo nicht – du spürst es im Bauch. Innerer Widerstand und diese unterschwellige Aggression zeigen dir, dass du in einer Situation nicht gemeint bist. Das ist dein Nein. Nimm es ernst. Wenn du dennoch eingreifst, dienst du nicht, sondern du reißt etwas an dich, was der andere selbst erledigen sollte oder wofür jemand anderes besser Hilfe leisten könnte. Du willst etwas Gutes, doch wenn du deine eigene Energie dadurch senkst, dann fügst du dem Universum Mangel statt Fülle und Liebe hinzu. Für das Kollektiv ergibt es einen großen Unterschied, ob du gut für dich sorgst oder nicht. Tust du es nicht, dann sendest du einen Strahl des Mangels und der Angst ins Kollektiv, selbst wenn du einem anderen Menschen dienlich zu sein scheinst. Wenn du deine Grenzen überschreitest, wiegt die Not, die in dir entsteht, schwerer als die Hilfe, die du leistest. (Davon ausgenommen sind natürlich echte Notsituationen, doch du spürst ganz genau, wann Not herrscht und wann du der Bequemlichkeit oder der Angst eines anderen Vorschub leistest.)

10. Rette dein inneres Kind.

Du kannst es dir nicht leisten, Unhöflichkeiten, Unverschämtheiten und Beschämungen zu kauen, zu schlucken und beim Versuch, sie zu verdauen, ein bodenloses Energieloch aufzureißen. Auch dich fremdzuschämen, indem du dir entsprechende

Sendungen anschaust, ist für dein schöpferisches, freudvolles Energiefeld so, als lärmte ein Presslufthammer, während du zauberhafte Harfenmusik hörst. Wann immer du spürst, dass dich jemand klein machen will, und auch ein sorgenvolles »Ich weiß gar nicht, was mit dir los ist ...« kann schon darauf hinweisen, braucht dein inneres Kind Rettung. Nicht das Künstlerkind, das zieht sich sofort in lichtere Gefilde zurück. Aber dein inneres Kind, dieses emotionale Kind, das so große Angst davor hat, beschämt und bestraft zu werden, dass es auf der Stelle neue Konstrukte ersinnt, mit denen es diese erneute Vernichtung vermeiden kann, dieses Kind braucht Rettung.

Nutze bitte den Zaubergarten aus der Meditation »Sicherheit für dein inneres Kind« (Seite 144), und bring dein inneres Kind sofort an diesen Ort, wenn du mit Menschen zu tun hast, die übergriffig und dadurch beschämend sind. Manchmal geht das rascher, als es dir bewusst ist; dann geh im Nachhinein noch mal in diese Situation hinein, und rette dein inneres Kind, indem du es in den Arm nimmst, es tröstest und dem anderen signalisierst, dass er nicht auf diese Weise mit deinem inneren Kind umgehen darf. Es kann sein, dass dir das im Außen sehr schwerfällt, besonders wenn jemand viel energetische Wucht und Gewicht hat. Das macht nichts. Innerlich darfst du dich auf der Stelle schützen, indem du das Krafttier deines inneren Kindes rufst, es in den Zaubergarten schickst und ihm versicherst, dass du die Situation als Erwachsener meistern wirst. Manchmal können wir uns nicht gut abgrenzen, denn mit einigen Menschen müssen wir nun mal klarkommen, wenn wir mit ihnen arbeiten oder sie sich in ähnlichen Bereichen aufhalten wie wir. Als Erwachsener mit einer beschämenden Situation umzugehen kann bedeuten, dass du sie ansprichst und dich deutlich abgrenzt, aber manchmal genügt es bereits, den Köder nicht zu schlucken. Hätte Schneewittchen nicht in den Apfel gebissen, dann hätte die Königin keine Macht über sie gehabt.

Es ist ganz einfach: Du entscheidest, welchen Happen du zu verdauen versuchst (du erinnerst dich an den Hund, der sich in die Knochen der Kränkungen verbeißt) und welchen du ignorierst. Dein inneres Kind kann das nicht, du als Erwachsener aber kannst es schon. Deshalb schicke dein inneres Kind sofort spielen, wenn du weißt, dass du es mit übergriffigen Menschen zu tun haben wirst – und reduziere den Kontakt zu diesen Menschen auf das Nötigste! Ob jemand übergriffig ist oder nicht, erkennst du einfach daran, ob du in seiner Gegenwart frei und leicht atmen und bei dir bleiben kannst.

Manches Mal scheint jemand sehr fürsorglich daherzukommen, und dennoch zwingt er dir »zu deinem Besten« seine Vorstellungen auf. Das habe ich gerade in spirituellen Kreisen oft genug erlebt. Was wird da nicht alles im Namen der Spiritualität verbreitet! »Du sollst nicht ›nicht‹ sagen«, »Wir sollen ja nicht werten«, »Das hast du dir so ausgesucht« ... Leute! Wirklich. Lasst mal eures bei euch, wenn euch keiner danach fragt. Reglementieren und uns maßregeln können wir selbst schon gut genug (immerhin das), da braucht es keine Unterstützung von außen.

Mir hat mal eine bis dahin mit mir befreundete spirituelle Lehrerin gesagt, sie hätte erkannt, dass sie mir nicht helfen könne, wenn mein Ego darauf bestünde, im Leid zu bleiben. Sie hätte so oft versucht, mich energetisch aus einer (vermeintlich) äußerst schmerzhaften Situation rauszuziehen, aber ich wäre immer wieder in das Loch geklettert. Aha. Mein Ego wählte das Leid. Was genau ging sie das an? Ich hatte sie nicht mal um Hilfe gebeten, sondern war dabei, ein Buch über ein wirklich schwieriges Thema zu schreiben. Natürlich fühle ich dabei den Schmerz, und das ist auch gut so. Wenn ich Hilfe brauche, dann suche ich mir Hilfe, was sollte das also? Ist dir klar, wie klein man jemanden mit solchen Aktionen macht und wie co-abhängig und kontrollierend man dabei ist? Es klang damals wie Fürsorge, doch es war Kontrolle. Wäre es Fürsorge gewesen, dann hätte sie mich gefragt, was ich brauchte, ob ich überhaupt etwas brauchte, und nicht ungefragt energetisch für mich gearbeitet. Sie sagte dann noch, es würde Zeit, dass ich meinen inneren Drachen erweckte, sonst würde er sich gegen mich wenden (!). Ich dachte nur: »Liebste, gerade weckst du ihn auf, Vorsicht, und ich danke dir, dass er nun und gerade durch dich erweckt wird!« Sagen konnte ich es nicht, weil ich zu perplex war, hatte ich ihr doch bis dahin vertraut gehabt. Und ja, natürlich war das genau dazu gut. Und ja, natürlich habe ich es auf irgendeiner Ebene erlaubt, vielleicht sogar darum gebeten. Gerade deshalb darf ich mich deutlich abgrenzen, denn genau das wollte ich ja lernen.

Du kannst selbst mit dem allzu eifrigen Kundtun von vermeintlichen spirituellen und geistigen Weisheiten äußerst übergriffig sein, denn es gibt sehr viele verschiedene Ansichten, die alle ihre Berechtigung haben und gelebt, ausprobiert werden wollen. Du weißt nicht, in welchen Schuhen ein anderer geht, so vergiss alles, was du über ihn zu wissen glaubst, solange du nicht gefragt hast. Du weißt nicht mal, ob deine spirituellen Techniken und dein Wissen für ihn gelten! Und weil das so ist, darfst umgekehrt auch du jede Zurechtweisung oder jeden unerbetenen Ratschlag von dir weisen.

In einem meiner Seminare gab es eine Frau, die sehr frei und mit derben Kraftausdrücken sagte, wie sie sich fühlte. Eine andere Teilnehmerin unterbrach sie auf einmal und meinte, sie solle aufhören, in dieser Fäkalsprache zu reden, sie zöge damit nur negative Energien an. Ich griff sofort ein, aber das war so schnell gegangen, dass ihre Zurechtweisung bereits im Raum stand – und das entgegen meiner ausdrücklichen, wirklich ausdrücklichen Anweisung, dass jeder nur bei sich bliebe. In meinen Seminaren wird nicht untereinander kommentiert, fertig, aus. Nun ja. Die zurechtgewiesene Teilnehmerin, bei der ich mich innig entschuldigte (denn das war meine Verantwortung, ich hüte und halte stets den Raum), erklärte, dass sie eben gerade zum ersten Mal ihre Wut gezeigt habe und sonst dermaßen in der Kontrolle sei, dass sie ihre Wut nicht anders habe ausdrücken können. Das sollte und durfte sie auch, dazu sind Seminare ja da. Wir zeigen uns mit dem, was ist und nicht in einer polierten Version.

Bitte nötigt euch gegenseitig nicht in die Kontrolle. Übt Mitgefühl statt Maßregelung. Manchmal muss man die Energie auch laufen lassen, damit das, was dahintersteckt, zum Vorschein kommt. Manchmal ist Fäkalsprache das Einzige, was funktioniert. Übrigens sind Fäkalien, das nur am Rande, ein äußerst wichtiges Zeichen von Gesundheit und Leben. Ganz ehrlich. »Scheiße« zu sagen drückt aus, dass du das, was du verdaut hast, aus dir hinauswirfst, dass du es nicht nur loslässt, sondern es aus dir hinauspresst und von dir schleuderst. Daran kann ich nichts Verwerfliches erkennen.

Willst du für einen anderen Menschen da sein, so FRAG ihn, was er braucht und was du für ihn tun kannst, und dann überprüfe sorgfältig, ob du seiner Bitte entsprechen kannst. Es ist wirklich wichtig, dass du darauf bestehst, dass der andere ausspricht, was er von dir will, damit er die Verantwortung bei sich behält. Genauso lernen wir natürlich, auszusprechen, was wir selbst wollen, und muten dem anderen nicht zu, unsere Bedürfnisse zu erspüren. Schon GAR NICHT, wenn wir ihn lieben!

Das Künstlerkind braucht also Raum und Aufmerksamkeit, und es kann sein, dass du damit auf immensen Gegenwind stößt, zunächst bei dir selbst, dann auch bei anderen.

Schau, du gehst einen Genesungsweg. Genesungswege sind immer irgendwie einsam, denn sie sind neu, wurden auf die jeweils persönliche Weise noch nie gegangen und bilden eine große Herausforderung für den, der sie geht. Such dir Menschen, die dich unterstützen und dich dazu ermutigen, deinen eigenen Weg zu gehen, und lass die hinter dir, die dich in jener Spur halten wollen, die eher ihnen selbst als dir dient. Das klingt hart, und das ist es auch. Aber dich kleinhalten zu wollen, darauf zu bestehen, dass du funktionierst, das ist keine Liebe. Ein gesunder Farn sprengt Beton, und das kannst du auch.

Dein Chef darf darauf bestehen, dass du präsent bist, funktionierst und dein Bestes gibst, denn du verkaufst ihm deine Arbeitskraft, und deshalb ist das vollkommen angemessen. Wenn du sie ihm nicht mehr zur Verfügung stellen willst, dann such dir einen anderen Job, oder schau, ob du die Dinge auch anders sehen kannst. Das schreibt sich leicht, aber es ist nun mal so. Mein Verleger darf darauf bestehen, dass ich meine Abgabetermine einhalte, denn ich habe einen Vertrag unterschrieben, und ein ganzes Produktionsteam steht parat. Dafür bestehe ich darauf, dass er seinen Verlegerpflichten nachkommt.

Doch deine Liebsten, deine Familie, deine Freunde und dein persönliches Umfeld sind deine Kraftquelle. Hier tankst du Geborgenheit und Ermutigung, damit du deinen Weg weitergehen kannst, und hier spendest du Trost und Liebe, damit auch diejenigen, die du liebst, ihren ureigenen Weg gehen können. Wenn du dich von deiner Umgebung allzu kleingehalten fühlst, dann überprüfe bitte, wozu das dient, ob du es mit anderen auch so machst und ob du ihnen glaubst. Sie könnten ein wichtiger Spiegel sein.

Doch dann, bei allem Verständnis und aller Erklärung, dann wirst du deinen eigenen Weg gehen müssen. Es gibt nur diesen einen Weg für dich, deinen eigenen, sonst kommst du nicht bei dir selbst an. Den für dich wichtigsten Menschen hast du fest an deiner Seite, wenn du diesen Weg gehst: dich selbst. Es genügt, wenn ein einziger Mensch, eine Menschenseele dazu bereit ist, für dich durchs Feuer zu gehen, wenn du heil werden willst. Und dieser eine Mensch darfst durchaus auch du selbst sein. Dann ziehst du sowieso automatisch andere an.

Der siebte Schritt

Spirituelle und emotionale Selbstverantwortung übernehmen

Sag mal, was denkst du eigentlich über Gott? Gott und du, ihr seid ein Team, gleichberechtigte Partner. Das Leben und du, ihr seid auch ein Team. Du bringst die göttliche Kraft mit der irdischen lebendigen Kraft zusammen, damit sie durch dich wirken kann. Ohne dich geht es nicht, du hältst Himmel und Erde auf bewusste Weise zusammen. Ihr seid ein Team, einiges darfst und musst du erledigen, anderes ist die Aufgabe des Lebens oder Gottes. Es ist ganz einfach – was tust du, wenn du einen Kuchen backen willst? Du kennst das Rezept, besorgst die Zutaten, rührst sie in der richtigen Reihenfolge und auf die richtige Art zusammen. Du schiebst den Teig in einer Form in den Ofen. Und dann musst du loslassen. Den Rest erledigt die Hitze. Du selbst kannst ihn nicht backen.

Es ist wirklich so einfach. Unterscheide zwischen dem, was du tun kannst, und dem, was das Leben und Gott beitragen. Weil ihr ein Team seid, hast du selbstverständlich ein großes Mitspracherecht. Doch Gott und das Leben haben auch eins. Als jemand, der sich nicht gut genug fühlt, bist du aus dem Gleichgewicht geraten, du verwechselst die Handlungs- und die Loslassebenen und glaubst, du müsstest alles unter Kontrolle haben. Oder du übernimmst erst gar keine Verantwortung und sicherst dich nach allen Seiten ab, um ja keine Fehler zu machen. Du bist in diesem Fall kein Teammitglied, sondern eine angsterfüllte, dienende Kraft einer wie auch immer gearteten höheren Instanz.

Diese Zeiten sind nun auch vorbei – wir sind diesen ganzen langen Weg des Bewusstseins gegangen, und wir sind bei aller Demut und Hingabe auf Augenhöhe mit Gott. Wir sind keine Kinder Gottes mehr, wir sind erwachsen geworden, und wir sind Mitschöpfer.

Warum glaubst du, alles kontrollieren zu müssen? Weil du dir nicht zutraust, mit dem klarzukommen, was IST. Und so ist eine sehr wichtige Eigenschaft folgende: Sei dazu bereit, deine Gefühle auszuhalten. Ich weiß, »aushalten« klingt nicht wie etwas, was wir noch in unserem Leben haben wollen. Und dennoch ist es lebenswichtig, dass du dazu in der Lage bist, durchzuhalten, dass du weißt: Egal was passiert, du kannst das, was du fühlst, meistern. Es gibt nichts zu tun in Bezug auf Gefühle, du brauchst sie weder zu transformieren noch zu verstehen. Gefühle wollen gefühlt werden.

Eine sehr weise Lehrerin sagte mir einmal, als es mir wirklich schlecht ging und ich noch in dem Irrtum verfangen war, »negative« Gefühle sollten sofort und auf der Stelle transformiert und in positive Empfindungen umgewandelt werden, Folgendes: »Dann lass es dir heute in aller Ruhe schlecht gehen.«

Das war ein wichtiger Schlüssel für mich, waren doch schmerzliche Gefühle bislang eher ein Indiz dafür, dass ich mal wieder nicht gut genug war, nicht gut genug für mich gesorgt hatte, nicht gut genug auf mich aufgepasst hatte, nicht positiv genug gedacht hatte – und was sonst noch so für ein Unsinn herumschwirrt. Gefühle sind Gefühle, und es ist unklug, sie zu bewerten. Natürlich wollen wir einige von ihnen lieber nicht fühlen, und so beginnen wir, uns selbst zu kontrollieren.

Dadurch verrätst du dich, du verleugnest das, was gerade in dir geschieht. Letztlich liegt es nur an uns selbst, dass wir uns mit unseren schmerzlichen Gefühlen schlechter fühlen als mit den erwünschten. Verstehst du? Am Ende ist das alles einfach Leben. Je bereiter du wirst, zu fühlen, was du eben fühlst, desto leichter und freier wirst du, denn du kannst mit dem Vermeiden aufhören und darfst in das Zulassen wechseln. Natürlich baden wir nicht in Leid, natürlich sorgen wir dafür, dass sich unsere Lebensumstände so ändern, wie es dem Leben dienlich ist; du verharrst nicht in ungesunden, giftigen Beziehungen, und du opferst dich nicht an einem Arbeitsplatz auf, der dich krank macht. Wir wechseln in die Freude.

Doch dazu gehört, dass wir dazu in der Lage sind, das, was ist, so zu lassen, wie es ist, denn sonst kann unsere Schöpferkraft nicht wirken! Wenn du dich selbst und deine Gefühle ablehnst und sie zu kontrollieren oder zu verändern versuchst (»Denke anders, und du fühlst anders ...«), dann verpasst du den Moment der echten Veränderung.

Du hast all das vermutlich schon einmal gefühlt. Damals warst du allein, konntest dir nicht helfen, wurdest nicht gesehen. Doch jetzt bist du selbst da, jetzt kannst du dich mit dem, was du fühlst, wahrnehmen, anerkennen, trösten und mitfühlend halten. Du kannst dafür sorgen, dass du es durchstehst, damit sich das Gefühlsknäuel auf natürliche Weise auflöst und du weitergehen kannst. Mit dir an deiner Seite. Wenn du deine Gefühle einfach fühlst und dich dabei hältst, bei dir bleibst, dann entladen sie sich wie ein Gewitter, und irgendwann ist alles wieder friedlich. Willst du dieses Gewitter umlenken, vermeiden, in weniger intensive Bahnen lenken, dann verbrauchst du nur eine Menge Energie und verpasst die erlösende und reinigende Kraft.

Bitte erlaube mir die Frage: Wovor hast du eine solche Angst? Wir haben oft deshalb Angst vor unserer Wut, weil wir als Kinder wütende Erwachsene als riesig groß, bedrohlich und übermächtig erlebt haben. Wir glauben, Wut wäre so. Aber das stimmt nicht, wir waren nur zu klein und wurden nicht beschützt. Dies-

mal bist du nicht allein, und DAS ist der immense, bahnbrechen-
de Unterschied. Willst du deine Gefühle zu schnell transformieren oder loslassen, auf Deutsch »weghaben«, dann lässt du dich
selbst wieder stehen.

Und du verpasst womöglich die Erkenntnis darüber, was überhaupt dazu geführt hat, dass du dich so fühlst, wie du dich fühlst.
Eine sehr sinnvolle Frage, wenn du dich wegen etwas schlecht
fühlst, ist folgende: »Woran erinnert mich das? Woher kenne
ich das Gefühl, in welcher Situation habe ich es schon einmal
gefühlt, und wie alt war ich damals?«

Wahrscheinlich wirst du immer wieder feststellen, dass vieles
von dem, was du fühlst, was dir geschieht, einen Anker in der
Vergangenheit hat, eine alte Wunde berührt, etwas, womit du
noch nicht versöhnt bist. Und so ist es sinnvoll, dass du dich
in diese Zeit hineinversetzt oder dich hineinziehen lässt, damit
du dich selbst noch einmal bewusst in der schmerzauslösenden
Situation erlebst. Damals konntest du sie nicht aushalten, nicht
meistern, du warst einsam, zu klein, zu verloren. Damals war es
richtig, dich selbst zu kontrollieren und dich von deinen Gefühlen abzuspalten, doch jetzt darfst du das ändern.

Und so schau dir diese für dich damals nicht aushaltbare Situation an, und sieh dich selbst, wie verloren und einsam du warst.
Stell dir nun bitte vor, dass du so, wie du gerade hier sitzt und

liest, mit in diese Situation hineingehst. Du bist also zweimal dort. Geh hin zu dir, und nimm dich selbst in den Arm, sag dir, dass du nun da bist und dass du dich hältst. Tröste dich, halte dich, mach dir Mut, und schenk dir selbst dein Mitgefühl. Rette dich selbst, und verlass mit dir diese Situation! Führ dich aus dem Zimmer, aus dem Raum, heraus, und geh nicht mehr hin.

Dazu eine tiefer gehende Meditation:

Den verletzten Anteil erlösen

Mach es dir bequem, entspann dich, schließ die Augen, nachdem du diesen Text gelesen hast, oder lass ihn dir vorlesen.

Stell dir bitte vor, dass du durch ein Tor gehst, das dich in eine wunderschöne Landschaft führt. Du gehst spazieren und bemerkst in einiger Entfernung ein Lagerfeuer in genau der richtigen Größe. Du setzt dich an dieses Feuer und entspannst dich, ruhst dich aus. Vielleicht bemerkst du, dass du Lasten deiner Ahnen trägst, dass du Themen deiner Eltern oder deiner Freunde oder gar des gesamten menschlichen Kollektivs trägst – jetzt ist der richtige Zeitpunkt gekommen, sie ins Feuer zu werfen.

*So leg den schweren Mantel ab, als der sich die Lasten wo-
möglich zeigen, wirf ihn ins Feuer. Jetzt ist der richtige Zeitpunkt gekommen, zu erkennen, ob du alte Verträge mit dir
herumträgst, Verträge, die womöglich in vergangenen Leben
entstanden sind, dich aber immer noch binden. Armuts-
gelübde, Gehorsamsgelübde, den Vertrag des Leibeigenen,
Kaufverträge und Todesurteile. Auch Heiratsversprechen
und Heiratsurkunden gehören dazu. Wirf all diese Verträge
und Urteile ins Feuer. Sie hindern dich nur daran, einfach du
selbst zu sein.*

*Eine Gestalt erscheint an diesem Feuer, deine wilde, ur-
sprüngliche innere Frau oder dein wilder innerer Mann, vielleicht auch beide. Der Teil in dir, der ganz natürlich und
ungezähmt mit der Erde und deinem ureigenen Lebens-
rhythmus verbunden ist. Genieße die Anwesenheit dieses
inneren Anteils, vielleicht hast du ihn in dieser Präsenz noch
nie gespürt. Lass dich ganz offen sein dafür, wie sich dir diese
Gestalt zeigt; der innere Mann und die innere Frau können
ganz anders sein, als du es dir vorstellst. Lass dir Kraft geben.
Und nun ruf den Teil, der Angst davor hat, etwas falsch zu
machen, ruf den Teil, der sich fürchtet, der sich selbst zwanghaft kontrolliert, der all deine innere Anspannung trägt. Lass
ihn zum Feuer kommen, sieh, fühl, wie es ihm geht und wie
er aussieht. Es kann auch einfach ein Schatten sein.*

Möglicherweise kommt dieser Aspekt sehr fröhlich daher, wenn er es gewöhnt ist, nach außen hin ein lachendes Gesicht zu zeigen. Begrüß ihn, und sieh, wie dein wilder Mann/ deine wilde Frau diesen Anteil in die Arme nimmt und tröstet, ihn heilt, wie er mit ihm/ihr verschmilzt oder sich einfach in Licht oder in Erde auflöst.

Seine Verzauberung löst sich, und er wird zu dem, was er ursprünglich war, er verwandelt sich und wird zu einem lebendigen, kraftvollen Ausdruck deiner selbst. Vielleicht spürst du, dass dieser Anteil nicht mehr im Körper und auf der Erde sein will. Dann erlaube ihm, am Feuer zu bleiben oder jetzt in einer Lichtsäule zurückzukehren in das Reich deiner Seele, in dein großes Seelenkraftfeld. Möglicherweise will er sich auch in Erde verwandeln – lass ihn sein, wie er sein will.

Ruh dich aus am Feuer, erlaube den Dingen, sich in dir zu wandeln. Es genügt, der Verwandlung Raum zu geben und alles geschehen zu lassen, wie es geschehen will.

Komm dann nach einiger Zeit wieder in den Raum zurück, in dem du dich befindest.

Hüte deine Träume und deine Ziele vor deiner Sucht, sie ist gefräßig und bekommt nie genug. Du machst dir deinen Erfolg kaputt, wenn du ihr glaubst, denn sie wird dich immer wieder antreiben. So schau dir dein Leben ganz genau an, und erkenne, in wie vielen Bereichen du mehr als nur »gut genug« bist, in wie vielen Bereichen du es zu wahrer Meisterschaft gebracht hast. Es sind mit Sicherheit mehr, als du glaubst. Lobe dich, erkenne deine Leistungen an. Schreib dir jeden Abend eine Liste mit den Dingen, die du erreicht hast, für die du dich lobst, die einfach gut waren. Es kann sein, dass du Sorge hast, damit dein Ego zu stärken. Aber diese Sucht nach Perfektion schwächt dein Ego auch. Sie suggeriert dir nämlich, du wärst schlechter als andere. Und wie wir wissen, ist JEDER Vergleich ungesund.

Du bist du. Und wenn du deine Ziele erreichst oder auf dem Weg dahin bist, deine Träume in die Tat umsetzt, deinen Weg gehst, dann BIST du ein Erfolg. Nimm dich ernst, hör dir zu, und sei mitfühlend mit dir selbst.

Perfektionistisch zu sein ist eine riesige Herausforderung, und du darfst lernen, ganz besonders sorgfältig darauf zu achten, dass du dich gut schützt. Vor allem vor deinen eigenen Konstrukten, denn weil sie nicht echt sind, bleiben sie hungrig, und weil sie nicht dem Leben dienen, werden sie niemals genug haben.

Jedes wahre Bedürfnis lässt sich stillen. Irgendwann bist du in jeder Hinsicht satt und kannst dich anderen Dingen zuwenden. Doch nur wenn diese Bedürfnisse echt sind. Die Bedürfnisse des Perfektionismus sind nicht echt, denn sie entstehen aus einer Vermeidung heraus. Deshalb kannst du sie nicht mit dem Verstand erreichen. Und deshalb kannst du sie nicht befriedigen.

So stelle ich dir hier zwei Meditationen zur Verfügung, die dir dabei helfen wollen, deine wahre Energie zu erleben, in die Tat umzusetzen und zu verantworten.

Deinen emotionalen Glückskörper zu dir rufen

Mach es dir bitte ganz bequem. Schließ deine Augen, es gibt nichts mehr für dich zu tun. Du atmest dich mit der nächsten Atmung aus der Vergangenheit ins Jetzt, aus der Zukunft ins Jetzt. Du spürst, du hast nur diesen einen Augenblick, aber dieser ist unendlich.

Stell dir bitte eine Lichtsäule vor, eine schimmernde, strahlende Kraftsäule aus reinem Licht. An den Rändern strahlt sie machtvoll in Rot, Grün oder einer anderen jetzt für dich passenden Farbe; innen ist sie leuchtend golden, silbern oder weiß. Du trittst in diese Lichtsäule ein, und das farbige Licht am Rand saugt alles in sich auf, was nicht zu dir gehört, was

*von anderen auf dich projiziert wird oder wovon du selbst
glaubst, es sein zu müssen.*

*Du stehst nun in der Lichtsäule, und sie durchströmt dich
warm, flirrend, und bringt deine Zellen zum Leuchten. Alle
Seelenanteile, die jetzt und heute nach Hause zurückkehren
wollen, nutzen die Gelegenheit und steigen in der Lichtsäule
auf, kehren nach Hause zurück, in das Reich deiner Seele.
Sie gehören immer noch zu dir, wechseln aber die Frequenz,
verlassen das irdische Energiefeld und steigen auf in andere,
schneller schwingende Aspekte deines Selbst.*

*Während das geschieht, erkennst du, dass du eine Art grau-
en Schleier um dich herum trägst, Nebelschwaden, die weit
in deinen Körper reichen, die sich ausbreiten, die mit anderen Menschen und anderen Zeiten, gar anderen Inkarnationen verbunden sind. Du erkennst, dass du durch diesen
grauen Nebel immer wieder in die Vergangenheit oder zu
bestimmten Menschen und Erfahrungen hingezogen wirst.
Dieser graue Nebel ist dein Schmerzkörper, ein Teil deines
emotionalen Systems; weil er so präsent ist und von deinem
dich schützenden Gehirn so ernst genommen wird, hat er
mehr Macht erhalten, als ihm zusteht.*

*Bitte nun deine geistige Führung und deine Schutzengel zu
dir; du spürst ihre machtvolle Präsenz, indem es in dir stär-*

ker zu kribbeln beginnt oder indem dir wärmer oder auch kälter wird. Die Energien ändern sich, wenn sie ankommen, und das spürst du jetzt. Bitte sie, dich zu halten und dich zu stabilisieren, während nun eine tiefe Reinigung geschieht.

Deine geistige Führung und deine Schutzengel beginnen sehr sorgsam, den grauen Nebel aus dir hinauszuziehen. Bitte sie, diesen Nebel aus allen Ereignissen und Erfahrungen zu nehmen, aus jeder Beziehung und durch alle Zeiten hindurch aus dir hinauszunehmen, aus den Zellen, aus dem Gehirn, aus dem Herzen, aus deinem Verhalten und aus allen Auswirkungen. Stück für Stück lichtet sich der Nebel, an einigen Stellen dauert es länger, womöglich erinnerst du dich an die eine oder andere Situation und spürst noch einmal für ein paar Sekunden den Schmerz. Lass das zu. Du bist in Sicherheit, die Lichtsäule hält und schützt dich, die Erde trägt dich. Besonders wenn der Nebel aus den Zellen gezogen wird, kann es sein, dass du ihn noch einmal spürst – das macht nichts. Wie eine große Saugglocke ziehen deine geistigen Helfer und Freunde den gesamten Schmerzkörper aus dir heraus. Möglicherweise fühlt sich das an, als fielest du auseinander, besonders dann, wenn du mit vielem vor allem durch Schmerz verbunden warst.

Nach einer Weile sind die Nebel verschwunden. Es kann sein, dass du diese Reinigung ein paar Mal wiederholen darfst, denn sie verändert dein Erleben sehr, und deine Nerven dürfen sich erst anpassen.

Dann geschieht ein Wunder. Aus der Erde und aus der Lichtsäule zugleich entsteht ein Energiefeld. Du konntest es noch nie so wahrnehmen, denn es bildet sich gerade jetzt zum ersten Mal. Es glitzert, schimmert, summt und ist dennoch vollkommen ruhig und voller Frieden. Es vereint die höchsten Energien deiner Seele und des Göttlichen mit dem tiefsten Frieden und der Stabilität der Erde. Diese Energie beginnt, dich zu berühren und, wenn du es ihr erlaubst, in dich einzuströmen, Raum in dir zu nehmen, sich mit deinen Zellen zu verbinden und deine Aura zu verändern.

Es mag sein, dass sich das zunächst ein wenig beengend anfühlt, das ist der energetische Dehnschmerz deiner Aura. Dein Herz darf sich weiten, deine Brust öffnet sich, dein Körper braucht ein wenig Zeit, um sich anzupassen – es ist energetisches Yoga. Du bekommst ein neues emotionales System, einen Glückskörper. Einen feinstofflichen Körper, der Glück anzieht und es wie ein Seismograph empfängt, einen Körper, der dich mit Glück in Verbindung bringt und das Glück in dir verstärkt, weil du es jetzt sehr viel bewusster und deutlicher wahrnimmst. War dein Fokus bisher auf Schmerzvermeidung ausgerichtet, weil dein Schmerzkörper sehr präsent war, so ändert sich nun deine Wahrnehmung,

*und du beginnst, sehr bewusst und dennoch ganz wie von
selbst Ausschau nach Glück zu halten, jeden Tag, in jeder
Sekunde. Du beginnst, die Erfahrung von Glück anzuziehen,
sie auszulösen; die Dinge verändern sich einfach deshalb,
weil du sie nun in ihrem Glücksaspekt wahrnimmst.*

*Dieses neue Energiefeld, dein Glückskörper, verbindet sich
stabil und innig mit deinen Zellen, mit deinem Gehirn, besonders mit den Mandelkernen, mit dem Herzen und mit
deiner gesamten Aura. Die Schwingung deiner Aura ändert
sich, wird insgesamt lichter und leichter. Wenn du willst, dann
erlaube dem Glückskörper nun, Ereignisse zu berühren, die
bislang unter dem Einfluss des Schmerzkörpers standen. Lass
zu, dass die Energie des Glückskörpers neue Verbindungen
schafft, weit in die Vergangenheit und weit in die Zukunft hi-
neinreichend und dennoch ganz und gar im jetzigen Moment.*

*Lass dir Zeit, und erlebe, wie sich die Dinge anfühlen, wenn
der Glückskörper sie berührt.*

*Möglicherweise spürst du, dass nun auch neue Seelen- und
Erdaspekte in dich einströmen wollen, Anteile deines Selbst,
die vielleicht noch nie im Körper waren, die mit einer ganz
neuen Kraft und Intensität, mit unbändiger Lebendigkeit in
dich einströmen und jetzt durch dich gelebt werden wollen
und können.*

Du wirst weiterhin Schmerz empfinden können, das gehört zum Leben – aber von nun an auf angemessene Weise. So, dass du schnell reagieren und das tun kannst, was ursprünglich geplant war: Verlass das schmerzende Feld, lass es hinter dir, und ändere dein Verhalten. Geh weiter, wenn es wehtut, sei mitfühlend mit dir selbst, und tu, was dein bester Freund für dich tun würde.

Bleib so lange in der Lichtsäule stehen, wie es sich für dich gut anfühlt, und komm dann zurück. Die Lichtsäule steht dir jederzeit zur Verfügung und wartet auf dich, nur einen Gedanken weit entfernt.

Es ist sicherlich nötig, diese Meditation einige Male oder sogar immer wieder durchzuführen, denn deine Aura ändert sich nach und nach, nicht auf einmal. Der Schock für deine Zellen wäre zu groß, sie müssen sich erst an ein verändertes Energieniveau anpassen und ganz irdisch und konkret neue Verbindungen schaffen. Die Durchblutung ändert sich, deine Hormonausschüttung wird angepasst, die Zellen selbst erschaffen neue Mitochondrien, damit sie einen größeren Energieumsatz bewerkstelligen können. Das braucht Zeit.

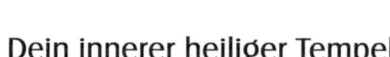

✳ Dein innerer heiliger Tempel

Mach es dir bequem, schließ deine Augen, und geh durch ein Tor, das gerade jetzt vor deinem inneren Auge entsteht. Du betrittst eine zauberhafte Landschaft, wunderschön, gerade so, wie sie für dich heute richtig ist.

Geh ein wenig spazieren, entspann dich, ruh dich aus. Hier fällt jede Anspannung von dir ab, hier hat der Perfektionismus keinen Zutritt. Du bist ganz und gar du selbst, du brauchst niemandem zu gefallen und es niemandem recht zu machen.

Tiefer und tiefer entspannst du dich. In einiger Entfernung bemerkst du eine Hecke oder einen Zaun. Du gehst daran entlang und triffst auf ein Tor. Du gehst hindurch – und stehst in einem wunderschönen Garten, in deinem eigenen heiligen Raum. Möglicherweise braucht dieser Garten Pflege, vielleicht treiben sich Menschen oder Wesenheiten herum, bevölkern deinen Garten, obwohl du sie nicht eingeladen hast. Möglicherweise hast du ihnen einmal erlaubt, diesen Garten zu betreten, doch jetzt wird es Zeit, ihn wieder in deinen und nur deinen Besitz zu nehmen.

Ruf deine Schutzengel und deine Krafttiere, und bitte darum, dass dieser Garten gereinigt wird, dass alles entfernt wird, was nicht hierhergehört. Bitte darum, dass die Menschen,

*die hier Zuflucht gesucht haben, in ihren eigenen heiligen
Garten geführt werden. Sie haben hier nichts zu suchen, das
ist dein und nur dein Raum.*

*Es gibt in der Mitte des Gartens einen Springbrunnen, eine
Feuerstelle oder einen anderen sehr kraftvollen Ort, vielleicht auch einen Altar. Sorge dafür, dass diese Mitte gereinigt und wieder belebt wird, und tu, was dazu nötig ist.*

*Irgendwo in diesem Garten findest du einen magischen Ort.
Hier ist eine goldene Acht auf den Boden gemalt oder mit
Kristallen und Gold gelegt worden. Die Ringe der Acht sind
groß genug, um sich bequem hineinzusetzen. Du betrittst
einen der beiden Kreise und setzt dich. Auf einmal erscheint
dir gegenüber, im anderen Kreis, eine Wesenheit, auch sie
setzt sich, und plötzlich beginnt goldene Energie in einer
Achterschleife um euch herumzufließen. Die goldene Acht
ist aktiviert, weil du dich hineingesetzt hast. Wer immer dir
gegenübersitzt – diese magische Energie sorgt dafür, dass
nun jede Kraft, alles, was du jemals von der anderen Wesenheit oder Person in dich aufgenommen hast, zu ihr zu-
rückfließt. Gleichermaßen strömt alles zu dir, was sie von dir
trägt, besitzt oder worauf sie Anspruch erhebt. Die Energie
dieser goldenen Acht gleicht euch aus, bringt alles in die
richtige Ordnung und trennt eure Energiefelder, damit ihr
euch neu verbinden könnt, wenn ihr das wollt.*

Vielleicht kennst du die Wesenheit im anderen Kreis gar nicht – sei sicher, sie hat dir eine Menge zurückzugeben oder zu sich zurückzunehmen, sonst wäre sie nicht da. Wann immer du von nun an Klärung brauchst, setz dich an diesem inneren heiligen Ort in die Acht, und lass den Zauber wirken.

Du bemerkst nun, dass sich der heilige Ort, der Garten, verändert hat und immer strahlender, gesünder und schöner wird – er wird eben dein heiliger Ort. Je mehr Zeit du hier verbringst, desto lebendiger und für dich auch im äußeren Leben spürbarer wird er.

Verlass nun die goldene Acht; sie steht dir jederzeit zur Verfügung. Genieße deinen Garten, geh spazieren. Säe, was du hier und in deinem Leben wachsen sehen willst, und wann immer du eine Entscheidung zu treffen hast, wende dich nach innen, und such diesen Garten auf. Hier findest du deine weisesten Ratgeber, Mutter Erde und deine spirituelle Führung und deine Lehrer, die nur darauf warten, dich zu leiten und mit Zuversicht zu versorgen.

Irgendwann verlässt du den Garten, doch du weißt, du kannst jederzeit und ganz schnell hierher zurückkehren.

Und hier das Werkzeug, das mir immer wieder hilft, wenn ich mich in meiner Zwanghaftigkeit verfange:

Tu so, als ob. Tu so, als wäre das, was du tust, gut genug. Dein innerer Kritiker wird nicht ablassen, wird dir immer wieder sagen, dass es noch ein bisschen besser geht. Er wird dir nicht erlauben, etwas, was du tust, wirklich gut zu finden. Aber wenn du so tust, als ob, wenn du so tust, als wäre das, was du tust, gut genug, kann er dem nichts mehr entgegensetzen. Denn du tust ja nur so ... was gibt es da zu argumentieren ...

Und so mache ich das nun mit diesem Buch, ich tue so, als wäre es fertig, als wäre es gut genug.

Und vielleicht stimmt es ja sogar.

Nachwort

Perfektionismus ist dein Versuch, das Leben zu kontrollieren, weil du vergessen hast, dass du ein äußerst anpassungsfähiges Wesen bist. Du bist dazu in der Lage, immer wieder einen eigenen, stimmigen Weg zu finden, wenn dir das Leben den Wind ins Gesicht peitscht. Wenn man dich diesen Weg nur finden lässt. Du durftest als Kind diesen eigenen Weg aber nicht gehen, du wurdest nicht getröstet und gehalten, und so hast du ein Konstrukt aufgebaut. Du lebst nicht dein Leben, sondern deine Vorstellung davon – und hier fließt eben auch keine echte Kraft.

Es war schwierig, dieses Buch zu schreiben, das gebe ich zu. Denn ich habe nun mal auch diesen Perfektionismus, und der ist deutlich aktiviert worden. Klar, ich kenne mein Publikum. Wärst du nicht ganz besonders kritisch, bräuchtest du dieses Buch ja nicht ...

Ich hätte so gern das perfekte Werkzeug gefunden, mithilfe dessen wir ein für alle Mal aufhören können, perfekt sein zu wollen. Doch es geht hier um einen Weg, wie bei allem anderen auch. Wenn du dich jeden Tag daran erinnerst, dass es genügt, so zu tun, als wärst du gut genug, wenn du dein Bestes gibst und den Rest Gott und dem Leben überlässt, dann hast du schon sehr viel gewonnen.

Im elften Schritt der Anonymen Alkoholiker bittet man darum, Gottes Willen für sich erkennbar werden zu lassen, und man bittet um die Kraft, diesen Willen, und nur ihn, in die Tat umzusetzen. Bete. Meditiere. Ruf das Leben selbst zu dir, und bitte das Leben darum, dir seinen Willen zu zeigen, dir den Weg zu größtmöglicher Freude und Lebendigkeit zu weisen. Das kann sehr lebendig sein oder auch weniger – so, wie es heute, nur heute, für dich richtig ist.

Ich erlebe diesen Weg tatsächlich als Weg, und ich komme nicht an. Ich darf heute, und nur heute, darauf achten, dass ich atme, dass ich Freude habe, dass ich meinem Gefühl folge, dass ich alles gebe, was ich heute zu geben habe, und dass ich so tue, als wäre ich gut genug. Dass ich aufhöre, wenn ich müde bin, und mich dann ausruhe, und dass ich mich lobe. Ich rede mit mir, und wenn es sein muss, auch laut. Ich spreche mir Mut zu, beruhige mich, kümmere ich um mich selbst, als wäre ich mein Kind. Mehr habe ich nicht, nicht heute. Aber damit komme ich durch den Tag. Jeden Tag.

Für alle, die sich nicht gern mit Engeln befassen, darf hier Schluss sein. Ich danke dir sehr, dass du mir zugehört hast, und ich hoffe sehr, dir mit diesem Buch gedient zu haben. Ich verneige mich von dir und deinem Schicksal und hoffe, du hast dich verstanden und gesehen gefühlt, während du dieses Buch gelesen hast.

Mögen dir die Werkzeuge dienen, damit wir alle gemeinsam mit dieser so unfassbar schönen Erde durch unser Leben tanzen können.

Und für alle, die an Engel glauben:

Jetzt, ganz am Ende, noch eine Einladung an uns alle, ein Channeling aus der so unendlich tröstenden Engelwelt.

Geliebte Menschenwesen,

so sehr versucht ihr, euren Schatten zu verbergen, besonders wenn ihr mit uns in Kontakt treten wollt. Dabei sind es doch gerade eure Schatten, die Bewusstsein schaffen, gerade die Schatten machen das Menschsein aus. Licht seid ihr sowieso. Ihr seid auf der Erde, um den Schatten zu erfahren, um Energie in Aktion zu erleben. Ihr habt eine solche Angst vor euren Schatten – was verständlich ist, denn diese erschaffen eine schwierige Realität voller Schmerz und Angst –, und dennoch seid ihr wegen der Schatten auf der Erde. So bitten wir euch, nur für einen Moment, während ihr das lest, uns zu erlauben, euch mit euren Schatten zu sehen. Erlaubt, dass wir euch im Schatten berühren. Und so, wenn ihr möchtet, schließt eure Augen, nachdem ihr den Text gelesen habt, und erlaubt uns, euch zu berühren, ohne dass ihr etwas ändert.

Lasst uns euer Herz berühren, nicht nur die lichte Seite, sondern besonders und erst recht die dunkle; erlaubt uns einmal, euch ganz zu sehen, auch mit den Aspekten, die ihr so gar nicht an euch haben wollt. Lasst für einen Moment die Bitte an uns los, euch zu transformieren und euch von eurem Schatten zu erlösen, und erlaubt euch selbst, mit euren Schatten anwesend zu sein. Lasst uns eure Schatten sehen. Nicht damit wir sie transformieren, sondern weil ihr uns dadurch nahekommt. Ihr erlaubt uns, euch wirklich zu berühren, nicht nur eine geschönte, geschminkte Version von euch. Wenn ihr uns darum bittet, eure Schatten von euch zu nehmen, dann ist da oft auch eine Scham zu spüren; ihr wollt eure Schatten nicht, schämt euch dafür, glaubt, ihr wärt weniger lichtvoll als wir Engel. Ihr fühlt euch uns gegenüber minderwertig, weil ihr Schatten habt.

Doch wir bitten euch inständig darum, erlaubt uns, euch so zu begegnen, wie ihr seid, erlaubt uns, unangemeldet zu kommen, macht uns auf, auch wenn ihr gerade ungekämmt und im Schlafanzug seid, die Chipskrümel noch auf der Brust – öffnet uns die Tür, wie ihr sie euren vertrautesten Freunden öffnen würdet. Wenn ihr erst stundenlang meditiert, damit ihr rein genug seid, um uns zu begegnen, dann sind wir euch zwar nah, aber ihr uns nicht, denn ihr glaubt, so, wie ist seid, wärt ihr nicht genug. Ihr lasst uns nicht wirklich nah an euch heran.

Trefft uns so, wie ihr euren ältesten, liebsten Freund treffen würdet, wir bitten euch darum. Erlaubt uns, eure Schatten zu berühren, voller Mitgefühl. Wir können euch viel besser sehen, euch viel näher sein, wenn ihr aufhört, euch vor uns zu schämen, weil wir eurer Ansicht nach so rein sind. Natürlich sind wir »rein«, nichts, was in euren Augen »unrein« wäre, kann mit uns in Resonanz gehen – wir haben keine Körper. Es sind eure Schatten, die das Menschsein ausmachen und die Bewusstsein erschaffen. Denn Licht seid ihr sowieso. Trefft uns ungeschminkt, wir bitten euch darum. Wir sind euch nah. Erlaubt euch selbst, auch uns nah zu sein, wir lieben euch und sind voller Liebe und Freude, wenn ihr weder Glitzergewänder tragt noch heilige Riten abhaltet, um uns zu treffen, sondern einfach die Tür aufmacht und »Komm herein« sagt. Wir danken euch und freuen uns auf noch innigere Begegnungen mit euch.

Bedeutet das, dass wir ab sofort lustvoll unseren Schattenseiten frönen sollten? Natürlich nicht, denn Schattenenergie in Handlung umgesetzt ist nun mal Schattenhandlung, und die tut weh.

Handelst du aus Angst statt aus Freude, statt aus Mitgefühl und Liebe, dann bekommst du eben auch ein angsterfülltes Ergebnis. Doch in der Begegnung mit den Engeln dürfen wir ehrlicher werden, uns zeigen, so, wie wir sind, nicht nur eine hübsch zurechtgemachte Version von uns. Wir neigen auch in der Begegnung mit der geistigen Welt zum Perfektionismus und glauben, nicht gut genug dafür zu sein, von Engeln berührt und geliebt zu werden. Also ziehen wir unser Sonntagsgewand an und setzen unser schönstes Lächeln auf.

Doch nur wenn wir authentisch werden, echt werden, uns mit allem, was wir sind, zeigen und berührbar machen, können wir auch überall berührt werden.

Wie sollen Engel deine Schatten berühren, wenn du sie verbirgst, wenn du ihnen nicht erlaubst, sie zu sehen? Wir sind hier, um Bewusstsein zu erschaffen, zumindest erlebe ich das so. Und dazu brauchen wir den Gegenpol zu unserem Licht, wir brauchen den Schatten. Erlauben wir uns selbst und den Engeln, auch unseren Schatten zu sehen. Bringen wir Luzifer nach Hause.

Über die Autorin

 Susanne Hühn wurde 1965 in Heidelberg geboren. Schon mit fünf Jahren beschloss sie, Masseurin zu werden. Nach dem Abitur besuchte sie eine Schule für Physiotherapie, machte 1986 ihr Staatsexamen und arbeitete danach als Krankengymnastin.

Der Zusammenhang zwischen dem Denken und Fühlen und dem körperlichen Symptom, das ihre Patienten jeweils zeigten, interessierte Susanne Hühn besonders, und so absolvierte sie Ausbildungen und Seminare zum Thema ganzheitliche Medizin. Mit 28 Jahren ließ sie sich zur psychologischen Beraterin ausbilden. Aufgrund eigener Themen kam sie auch in Kontakt mit spirituellen Therapieformen wie Kinesiologie und Reinkarnationstherapie nach Rhea Powers.

Parallel zu ihrer Tätigkeit als Physiotherapeutin begann Anfang der Neunzigerjahre Susanne Hühns Weg als spirituelle Lebensberaterin und Meditationslehrerin. Zudem fing sie an zu schreiben. Nach wie vor faszinierte sie der Zusammenhang zwischen Körper, Geist und Seele, und so begab sie sich auf ihre eigene Forschungsreise. Ihr erstes spirituelles Selbsthilfebuch, *Loslassen und Vertrauen lernen*, entstand 1999 und wurde im Schirner Verlag veröffentlicht.

Im Jahr 2005 beendete Susanne Hühn ihre Tätigkeit als Physiotherapeutin. Seither widmet sie sich ganz der Lebensberatung und dem Schreiben von Büchern, Artikeln und Geschichten.

Weitere Informationen unter:
www.susannehuehn.de

Haftungsausschluss

Die Informationen in diesem Buch wurden nach bestem Wissen zusammengestellt. Sie führen alle Meditationen, Übungen und Rituale in eigener Verantwortung durch. Weder die Autorin noch der Verlag können für eventuelle Folgen, die sich aus den im Buch gemachten praktischen Hinweisen ergeben, eine Haftung übernehmen.